rowohlts monographien
begründet von Kurt Kusenberg
herausgegeben
von Klaus Schröter

Carl Orff

**mit Selbstzeugnissen
und Bilddokumenten
dargestellt von
Lilo Gersdorf**

Rowohlt

Dieser Band wurde eigens für «rowohlts monographien» geschrieben
Den Anhang besorgte die Autorin
Herausgeber: Kurt und Beate Kusenberg
Assistenz: Erika Ahlers
Umschlagentwurf: Werner Rebhuhn
Vorderseite: Carl Orff 1977. Fotografie von Hilde Zemann
Rückseite: Carl Orff mit Kindern im Studio Suse Böhm, München.
Fotografie von Peter Keetman

Veröffentlicht im Rowohlt Taschenbuch Verlag GmbH,
Reinbek bei Hamburg, März 1981
Copyright © 1981 by Rowohlt Taschenbuch Verlag GmbH,
Reinbek bei Hamburg
Alle Rechte an dieser Ausgabe vorbehalten
Satz Times (Linotron 404)
Gesamtherstellung Clausen & Bosse, Leck
Printed in Germany
980-ISBN 3 499 50293 3

14.–16. Tausend Februar 1986

Inhalt

Vorbemerkung   7
Herkunft   8
Kindheit und Jugend   17
Erste Kompositionsversuche   25
Hommage à Debussy   31
Der Theaterkapellmeister   34
Lehrjahre bei den alten Meistern   38
Die «Zeitgenössische» und der «Münchener Bachverein»   47
Das «Schulwerk»   52
Trionfi – Trittico Teatrale   78
   Carmina Burana, cantiones profanae
   Catulli Carmina, ludi scaenici   87
   Trionfo di Afrodite, concerto scenico   91
Musik zum «Sommernachtstraum»   96
Märchenstücke   98
Das Bairische Welttheater   103
Die griechische Tragödie nach Hölderlin   111
Prometheus   120
   De temporum fine comoedia   123

Anmerkungen   124
Zeittafel   133
Zeugnisse   135
Werkverzeichnis   137
Literaturhinweise   141
Nachbemerkung   150
Namenregister   151
Über die Autorin   154
Quellennachweis der Abbildungen   155

Carl Orff, 1949

Vorbemerkung

Das Theater- und Konzertpublikum applaudiert seit Jahrzehnten Carl Orffs *Carmina Burana,* durch Schallplatten, Funk und Fernsehen weit verbreitet. Auch das pädagogische Werk, das *Schulwerk. Musik für Kinder* ist weltbekannt.

Ist Orff also aktuell? Trifft er den Tonfall unserer Zeit? Mit den *Carmina Burana* und dem *Schulwerk* gewiß. Doch verstellen diese beiden Werke oft den Blick auf das andere Œuvre, von dem, wie man hört, nur «Liebhaber und Kenner» sprechen. Es sei, heißt es oft, gegen den Strich geschrieben und komme selten dem musikalischen Geschmack der Zeitgenossen entgegen.

Orffs opera entzücken einen Teil des Publikums, entlassen den anderen jedoch ratlos; eine widersprüchliche Einschätzung des Werkes von Carl Orff scheint offenbar.

Diese kleine Studie versucht, den Reichtum der Kompositionen und Dichtungen Orffs zu zeigen und zugleich dem Orff-Porträt neue Lichtpunkte aufzusetzen.

Werk- und Lebensbeschreibung sind Annäherung, im besten Fall Interpretation; dem interessierten Leser sei das letzte Urteil überlassen.

Herkunft

Die Betrachtungen über Carl Orff, sein Leben und sein Werk führen uns bis in sein Todesjahr 1982; an den Beginn aber stellen wir die Figur eines Ahnherrn: Kaspar Josef Koestler, den Urgroßvater mütterlicherseits.

Als Regimentsquartiermeister zog Kaspar Josef Koestler mit dem bayrischen Kontingent der napoleonischen «Grande Armée» in den verhängnisvollen Rußland-Krieg. Am 15. Februar 1812 wurde er in Pskow gefangengenommen und in eine Badestube geworfen. Vier Tage und Nächte eingeschlossen, vegetierte er dort mit verwundeten und sterbenden Kameraden. Es war ein Ort des Grauens. «Als auf einmal am vierten Tage unseres Aufenthaltes zum erstenmal wieder die Tür sich öffnete und ein Herr in deutscher Sprache von außen hereinrief: ‹Ist kein Schweizer oder anderer Deutscher hier, der Musik versteht?› Alles Stille! – Kaum hörte ich noch den Schall und glaubte, es wäre ein Traum, denn ungewöhnlich war mir schon die menschliche Stimme. In unserem Kerker hörte man nur zuweilen ein Stöhnen oder schwaches Wimmern, das die Todesstille unterbrach. Noch einmal wiederholte der Herr seinen Anruf. Der letzte Lebensfunke glimmte in mir auf, und die Liebe zum Leben und die Hoffnung, mich vielleicht doch noch retten zu können, besiegte die große Schwäche und gab mir Kraft, ihm zu folgen. Ich sagte ihm, daß ich Violine, Flöte und Clavier spielen könne. Er war damit zufrieden und hieß mich ihm folgen.»[1]*

Kaspar Josef Koestler war gerettet. In Gutsbesitzersfamilien erteilte er Musikunterricht und erwarb sich dadurch Ansehen und Achtung. Nach einem langen, an Abenteuern reichen Rückmarsch kehrte Carl Orffs Urgroßvater 1814 nach München zurück. Zu Ehren der 30000 bayrischen Landessöhne, die in Rußland gefallen waren, wurde 1833 der 29 Meter hohe erzgegossene Obelisk am Karolinenplatz in München aufgerichtet.

Jedesmal wenn der kleine Carl Orff daran vorbeiging, erinnerte ihn der Großvater Koestler: «Vergiß nicht, dein Urgroßvater hatte das

---

* Die hochgestellten Ziffern verweisen auf die Anmerkungen S. 124f

*Der Großvater
Karl Koestler*

Glück, daß er heimkehren durfte, dank seiner Musik, sie rettete ihm das Leben.»[2]

Karl Koestler, der Sohn Kaspar Josef Koestlers, Berufsoffizier wie sein Vater, mußte als Generalmajor wegen eines Augenleidens den Dienst quittieren und widmete sich bis zum Lebensende vielfältigen historischen Arbeiten. Sein bedeutendstes Werk war das mehrbändige «Handbuch zur Gebiets- und Ortskunde des Königlichen Bayern», das 1895 erschien.

Orffs Großvater Karl Koestler war aber auch ein begeisterter Musikliebhaber. Er sang in Kirchenchören, besonders gern unter Josef Rheinberger, mit dem er befreundet war. Rheinberger, in Vaduz geboren und in seiner Wahlheimat München sehr geschätzt, leitete die königliche Vokalkapelle, den königlichen Oratorienverein und war gleichzeitig Organist an der St. Michaels-Hofkirche. 1867 wurde er Professor für Orgel und Kontrapunkt an der durch Richard Wagner und Hans von Bülow erneuerten, nunmehr Königlichen Musikschule.

Rheinbergers Freund Koestler gründete 1866 mit «Gleichgesinnten den Dilettanten-Orchesterverein ‹Wilde Gung'l›, der noch heute eine Münchner Institution ist, die respektable Konzerte durchführt»[3].

Von 1875 bis 1896 war Franz Strauss der Dirigent der «Wilden Gung'l». Unter seiner Leitung wurden nicht nur «Stücke mit gefälligem Genre» zur musikalischen Unterhaltung dargeboten, sondern auch «anspruchsvollere Stücke der ernsten Musik»[4], unter ihnen auch die frühen Werke seines Sohnes Richard. 1903 durfte der achtjährige Carl das erste Konzert besuchen, ein Konzert der «Wilden Gung'l», in dem unter anderem die «Kleine Nachtmusik» von Mozart und die erste Symphonie von Beethoven gespielt wurden. Der Großvater Koestler berichtet: «Carl war überglücklich.»[5]

Orff erinnert sich noch heute an diesen Abend: *Ich weiß, welch großes Erlebnis es war, als ich zum erstenmal ein richtiges Orchester hören durfte.*[6]

Programmzettel des Konzerts der «Wilden Gung'l»
vom 5. März 1875

Die Eltern Heinrich Orff und seine Frau Paula, geb. Koestler

Das Konzert versetzte ihn in eine Art Euphorie: *Man kann sich heute, im Zeitalter von Rundfunk und Schallplatte, kaum mehr vorstellen, was es für ein empfängliches Kind bedeutete, zum erstenmal die Klangwelt der Wiener Klassik zu erleben.*[7]

Die Mutter verstand ihn; sie spielte die Beethoven-Symphonie immer und immer wieder vierhändig mit ihm. Carl durfte nun oft Konzerte besuchen. Die Eltern und die Großeltern hatten in der Musikalischen Akademie wie auch im Münchner Hoftheater Abonnementplätze.

An die Großmutter Koestler erinnert sich der Enkel kaum. Sie lebte wegen eines Herzleidens zurückgezogen, half ihrem Mann aber mit großer Geduld und viel Verständnis bei seinen wissenschaftlichen Arbeiten. Beide wohnten in der Innenstadt Münchens, in der Damenstiftstraße, nicht weit entfernt von Richard Strauss' Geburtshaus. *Unvergeßlich bleibt mir, wenn ich mit meinem Großvater noch spät abends auf den Dachgarten steigen durfte. Da sah ich die Silhouette der dunklen Stadt mit den charakteristischen Türmen und drüber den gestirnten Nachthimmel, einmal auch, wie der aufgehende Vollmond blutrot hinter der Peterskirche heraufkam.*[8]

Auch der väterliche Urgroßvater, der Geheime Kriegsrat Carl von Orff, wohnte in München. *In alten Stadtplänen von München aus dem vorigen Jahrhundert konnte man das Stammhaus meiner Vorfahren eingezeichnet finden.*[9] *Am Eingang zum Englischen Garten, nächst dem Prinz-Carl-Palais, lag das «Orff-Häusl», wie es im Volksmund hieß. In diesem idyllischen Haus wurde 1828 der Großvater, Carl von Orff, ge-

Das Orff-Häusl in München (rechts); daneben das Prinz-Carl-Palais, um 1809

Der Großvater Carl von Orff

boren. Hinter dem Anwesen lag der ebenfalls *säuberlich im Stadtplan eingetragene «Orff-Garten», in dem mein Vater als Kind noch spielte.* 1888 wurde das Haus abgerissen. Die Familie zog in die Altstadt, in die Nähe des Hauptplatzes, der, seit 1853 von der Marktfunktion befreit, Marienplatz hieß.

Orff liebte beide Großväter sehr. *Die überragende Gestalt in der Familie, auch schon rein körperlich,* schreibt Carl Orff als Achtzigjähriger, *war mein Großvater Carl von Orff.* Der Familientradition folgend, wurde er erst Offizier. *Nach einer mehr auf das Wissenschaftliche gerichteten*

Der dreijährige Carl Orff

Karriere trat er als Generalmajor in den Ruhestand, um sich ganz seinen Studien auf dem Gebiet der Geodäsie, Mathematik und Astronomie zu widmen. Er war ein Forscher- und Gelehrtentyp, weltfremd, nur in seiner eigenen Welt zu Hause. Er war Dr. h. c. der Universität München, und gleich seinem Vater und Großvater, Träger des Kronordens, der persönlichen Adel verlieh.

Carl von Orff war ein anerkannter Wissenschaftler, Mitglied der Bayerischen Akademie der Wissenschaften und der Kommission für In-

Carl mit seiner Schwester Mia, 1904

ternationale Erdmessung. Er veröffentlichte mehrere grundlegende Werke zur Vermessungskunde.

Zu seinem 70. Geburtstag wollte ihm der etwas über drei Jahre alte Enkel ein Gedicht schenken. Mit der Mutter zusammen verfaßte er die Gratulation. *Im Grunde genommen machte das Gedicht meine Mutter. Dabei überließ sie es mir, die nicht schwer zu erratenden Reime zu finden.*[10] Als der große Tag kam, war Carl verwirrt. Alles sah so anders aus, als er es sich vorgestellt hatte. *Als ich vor dem Großvater stand, hatte ich mein Gedicht völlig vergessen und brachte kein Wort heraus. Ich hätte weinen können, aber weinen vor dem Großvater, das wollte ich nicht. So packte ich seine beiden Hosenbeine und schüttelte sie mit aller Kraft wie einen Zwetschgenbaum. Nun lachten alle sehr, mein Großvater aber lachte nicht, sondern beugte sich zu mir herunter und sagte: «Ich danke dir, ich habe gut verstanden, was du sagen wolltest.»*

Am Schreibtisch sitzend und arbeitend, in eine dichte Virginia-Rauchwolke gehüllt, *wie Gottvater,* so lebte der Großvater in des Knaben Gedächtnis. Sein Tod war für den Zehnjährigen eine große Erschütterung.

Die Großmutter, so erinnert sich Carl Orff, war bis ins hohe Alter eine auffallend schöne Frau, die mit ihrem Mann eine glückliche Ehe führte.

Die Eltern Carl Orffs kannten sich seit ihrer Kindheit. Der Vater Heinrich *war Offizier mit Leib und Seele*[11], die Mutter Paula *eine durch und durch künstlerische Natur und eine grundgescheite Frau.* Für den Beruf ihres Mannes hatte sie immer Verständnis. *Ihr unverwüstlicher und überlegener Humor, ihr treffender Witz und ihre allseitige Hilfsbereitschaft machten sie, wo immer sie auch hinkam, beliebt und unvergessen.* Paula Orff hatte das Klavierspielen bei ihrem Vetter Josef Giehrl, einem Liszt-Schüler und Freund von Richard Strauss, gelernt. Sie muß sehr begabt gewesen sein, denn schon mit zwölf Jahren erreichte sie die Konzertreife.

Es war selbstverständlich, daß im Elternhaus von Carl Orff musiziert wurde. *Täglich spielten meine Eltern nachmittags oder abends vierhändig, allsonntäglich war nachmittags Klavierquintett oder abends Streichquartett. Überall Musik, an der ich zwar nicht teilnahm, die mich aber unbewußt berührte.* Mit seiner drei Jahre jüngeren Schwester Mia verstand sich Carl besonders gut. Sie spielte bald mit dem Bruder vierhändig und war später *im häuslichen Kreise die erste Interpretin der frühen Lieder.*

Kindheit und Jugend

Am 10. Juli 1895 wurde Carl Orff geboren. Sein Geburtshaus stand am Stadtrand von München in der Maillingerstraße, gegenüber der Marsfeldkaserne. *Es war ein großes, dreistöckiges Haus, das nicht lang vor der Jahrhundertwende erbaut wurde. Fast die ganze den Kasernen gegenüberliegende Straßenseite bestand aus solchen Häusern, die vielfach Offizierswohnungen enthielten.* [12]

Die Marsfeldkaserne war die Kaserne des Vaters von Beginn seiner Laufbahn an als Secondleutnant bis zu seinem Abschied als Oberstleutnant nach dem Ersten Weltkrieg. *Gepflegte Vorgärten und schattige Wirtsgärten gaben der Straße ein freundliches Aussehen. So war auch vor unserem Haus ein Vorgarten, die Kastanienbäume reichten bis zu unserer Wohnung im zweiten Stock. Hinter dem Haus gab es einen großen, etwas verwilderten Garten mit viel Flieder, Liguster und Holler, mit alten Obstbäumen, großen Faulbäumen, Birken und Eschen, mit einer Laube mit wildem Wein, einer Spielwiese und einem Blumenbeet, das meiner Sorge anvertraut war; es war mein Kinderparadies.*

Schräg gegenüber von unserem Haus, so fährt Carl Orff in seinen Erinnerungen fort, *war das Probelokal der Regimentsmusik, die fast täglich vormittags üben mußte. Diese Klänge waren mir so vertraut wie der alltägliche Zapfenstreich, den der Trompeter um neun Uhr abends im Kasernenhof blies. Die Musik aus den Gärten der Wirtschaften, die in unserer Straße lagen, brachte mich an den Sommerabenden in den Schlaf und ging mir nach bis in den Traum: Volks- und Soldatenlieder, Ziehharmonika, Zither- und Blechmusik.* Heute erzählt Carl Orff, was ihm aus seiner frühesten Kindheit berichtet wurde: *Schon als Einjähriger wurde ich von jeder Art Musik – nur laute schreckte mich – angezogen. Am liebsten saß ich unter dem Klavier, meiner Mutter zu Füßen, wenn sie spielte. Doch lange blieb es nicht beim Nur-Zuhören, ich wollte unbedingt mittun und begann, mit dem Holzfuß meines Wurschtls im Takt auf den Boden zu schlagen. Bald erbettelte ich von meiner Mutter die Erlaubnis, auf den Tasten mitspielen zu dürfen. Mein hohes Kinderstühlchen wurde ans Klavier gerückt, und mit beiden Fäusten «begleitete» ich das Spiel meiner geduldigen Mutter. Nach einiger Zeit* (Chronik: 1897) *versuchte ich, allein am Klavier zu spielen. Ich suchte mir mit beiden Händen Klänge zusam-*

Eine Seite aus der Kinderchronik von Karl Koestler

men, die ich laut oder leise immer und immer wiederholte ... Einmal fiel
mir ein, daß man die Tasten auch anders bearbeiten könnte. Ich holte mir
heimlich aus der Küche den Fleischklopfer und schlug damit fest auf die
Tasten. Leider wurde ich gleich dabei erwischt, und als Folge wurde das
Klavier abgesperrt. Zum Trost bekam ich eine Trommel, doch das war
kein richtiger Ersatz.[13]

Als er vier Jahre alt war, durfte Carl zum erstenmal auf das Oktoberfest, auf die Wies'n, wo er ein Kasperltheater sah.

Von seiner Mutter erhielt der fünfjährige Carl den ersten Klavierunterricht; an den Fingerübungen hatte er keine Freude, er wollte nur spielen, was ihm selbst in die Finger kam. Doch fürs Notenlesen und Notenschreiben interessierte er sich sehr. *Meine Mutter nahm sich meiner an – ich sehe heute noch die Schiefertafel vor mir. Erst zog sie die fünf Linien, dann ging es an die Noten. In G-Dur, gleich mit einem Kreuz, so hatte ich ein Wiegenlied mit eigenem Text auf dem Klavier zusammengesucht. Meine Mutter schrieb zu meiner Melodie ein paar Begleitnoten, dann stand die erste Komposition fertig da.*[14]

Kasperltheater um 1890

*Onuphrius, Sohn eines Stammesfürsten in Ägypten, Einsiedler um 400.
Bildschnitzer der Königsaltäre, um 1485–90*

Zu dieser Zeit regierte der Prinzregent Luitpold in Bayern. München war eine königliche Stadt, «eine Phäakenstadt», schreibt Carl J. Burckhardt, «von größter Mannigfaltigkeit, die vom patriarchalischen Hof über einen landsässigen Adel, einen verdienstvollen Briefadel, ein heiteres, kraftvolles, oft recht biederes Bürgertum zu einem kunstreichen Handwerksstand ohne schwere Spannungen und zu einer Arbeiterschaft reichte, deren Aufstieg man hilfreich zu fördern versuchte. Sodann war

München um 1880

die ganze Theaterwelt vorhanden, die Künstler in Scharen, vom akademisch mit Titeln und Würden gefestigten, eingegliederten, vermeintlichen Meister bis zu den Unabhängigen, die in die große Masse der Schwabinger übergingen, die sich gerne Bohème nannten und nennen ließen!»[15]

Das Osterfest war der Höhepunkt des Kirchenjahres. Unvergeßlich für Carl, wenn er mit dem Großvater Orff an den Kartagen in der verdunkelten Michaeliskirche die Bußpsalmen von Orlando Lasso hören durfte, oder dieser ihm die Residenz zeigte, zu der er überall Zutritt hatte.

Großvater Koestler erzählte bei abendlichen Spaziergängen *durch die Münchner Stadt mit ihren altehrwürdigen Bauten, stillen Plätzen, Durchhäusern, Torbogen, Gärten und Gassen Geschichten und Geschichte, auch Märchen und Sagen, an denen die alte Stadt reich war. So von des Teufels Fußtritt in der Frauenkirche oder vom Riesen Onuphrius, dessen Bild an einer Hauswand am Eiermarkt, dem heutigen Marienplatz, aufgemalt ist.* [16]

Besonders die Festgottesdienste der Garnison in der Münchner St. Michaelis-Kirche liebte Carl. Sein Vater schmuggelte ihn oft auf die Chorempore. *Dabei war mir,* so erinnert Orff sich heute, *das verwirrende Bild der vielen großen Uniformen lange nicht so wichtig wie die Musik: Auf allen Emporen spielten die verschiedenen Musikkorps gleichzeitig, bei der Wandlung setzte ein Fortissimo-Wirbel auf über hundert Trommeln ein, dazu ein mächtiger Bläserakkord, und die Artillerie auf dem nahen Marsfeld schoß mit Kanonen Salut.* [17]

Nur beiläufig berichtet Carl von der Schule, die keinen großen Eindruck auf ihn machte. Viel wichtiger waren ihm die berühmten Krippendarstellungen in den Münchner Kirchen zur Zeit der frühen, dunklen Abende und das traditionsreiche Münchner Marionettentheater. Leidenschaftlich gern las er; als Neunjähriger fing er bereits an, Gedichte und Erzählungen zu erfinden. Auch eine *Romantische Botanik* entwarf er, *suchte aus Märchen- und Kräuterbüchern allerlei zusammen über Heil- und Zauberkräfte der Pflanzen, auch was die Blumen in früherer Zeit in Religion und alten Bräuchen bedeuteten* [18].

Im Herbst 1905 trat Carl Orff ins Ludwigs-Gymnasium ein, einem alten Haus inmitten der Stadt, in dem es noch offene Gasflammen als Beleuchtung gab. Von 1907 an besuchte er das Wittelsbacher-Gymnasium, das neu erbaut und dem Elternhaus benachbart war. Orff berichtet, daß er gerne Griechisch gelernt habe und den Klassenkameraden oft griechische Texte vorlesen durfte. Doch aufrichtig fügt er hinzu: *Nur der Grammatik blieb ich viel schuldig. Ich hatte aber, wie mein Lehrer sagte, ein seltsam entwickeltes, empfindsames Sprachgefühl, das mich auch ohne fundierte Kenntnisse oft das Richtige treffen ließ.* [19]

Richard Wagners «Fliegender Holländer» war die erste große Oper, deren Aufführung Carl Orff 1909 erlebte. *Der Eindruck war so stark, daß ich tagelang nichts mehr reden wollte, kaum mehr gegessen habe und nur meinen Phantasien nachhing oder am Klavier mich austobte.* [20] Die Mutter tat auch hier das einzig Richtige: sie nahm den Sohn wieder in eine Vorstellung des «Fliegenden Holländers» mit.

Von da an durfte Carl nach und nach alle wichtigen Werke sehen, die das Hoftheater im Spielplan hatte, manchmal auf dem Theaterplatz des

Neun Jahre alt

*Carl Orffs Lieblingslandschaft, der Ammersee.
Gemälde von Johann Jakob Dorner*

Großvaters, mitunter auf der Galerie, auf der er dann jahrelang zu Hause war. Wagners «Ring des Nibelungen» und der «Tristan», vor allem jedoch «Salome» und «Elektra» von Richard Strauss beeindruckten ihn. In den Konzerten hörte er die klassischen Werke, die zum Repertoire gehörten. Heute meint er dazu: *Am stärksten fesselte mich immer Beethoven, meine Liebe aber galt Mozart, Schubert und Bruckner.*[21]

Eine Aufführung von Debussys «Nocturnes» in den «Modernen Abenden», die Bernhard Stavenhagen, ein Lieblingsschüler von Liszt, als Dirigent des Kaim-Orchesters begründet hatte, war für Carl ein besonders tiefgreifendes Erlebnis, das sich später auswirken sollte.

Im Münchner Schauspielhaus sah Orff Inszenierungen von Werken Schillers, Goethes, Kleists und Grillparzers, vor allem aber auch Stücke des bewunderten Shakespeare. Dessen Werke wurden für Orffs lebenslange Arbeit mit dem Theater entscheidend. Zu dieser Zeit beschäftigte sich der junge Carl auch mit der bayerischen Mundart. Seine Schwester und er hielten sich oft bei Fanni, der langjährigen Köchin, in der Küche auf. *Sie sprach noch völlig unverfälscht Dialekt. Auch wundervolle Geschichten konnte sie erzählen.* Carl wurde von ihr meist *Goggolori* genannt, die Schwester war die *Schätterhex.*[22]

Seit 1898 lebte die Familie allsommerlich in der Nähe des Ammersees in einem kleinen Haus, das einer alten Bauerswitwe gehörte. Für Orff wurde der See *sein See* [23], eine Landschaft, der er lebenslang verbunden blieb.

Erste Kompositionsversuche

Carl Orff wuchs in einer bayerischen Offiziers- und Gelehrtenfamilie auf, die zwar nicht reich war, aber behaglich leben konnte. Man hatte Umgang mit der höfischen und der wissenschaftlichen Welt, man lebte in der Residenzstadt und auf dem Lande, es gab treue, zur Familie zählende Dienstboten, und wenn der Großvater Orff seinem Enkel die Residenz zeigte, salutierten die Wachposten.

Der fast unvermeidliche Konflikt zwischen der Schule und Carls Leidenschaft zur Musik und zum Theater war vorherzusehen. Den Zwiespalt mit der sehr traditionsbewußten Familie (*Ein Orff, der kein Abitur hat, nicht auf der Universität zugelassen wird und keinen Doktor machen kann, ist kein Orff*) überbrückte die Mutter. (*Von eh und je war ich ein rechtes Mutterkind. In schweren und schwierigsten Lebenslagen verstand sie mich zutiefst mit dem Herzen, auch wenn ihre stark in der Tradition befangenen Vorstellungen dem entgegenstanden.*[24])

Obwohl die Familie empört war, daß Carl das Abitur nicht machen wollte, setzte es der junge Mann schließlich durch, das Gymnasium vorzeitig zu verlassen. Befreit vom Alpdruck der Schule schrieb er in kurzer Zeit mehr als fünfzig Lieder und viele Stücke für die Orgel. Von 1910 an, nachdem er *zum drittenmal mit Opus 1 begonnen hatte, sind die meisten Kompositionen erhalten*[25], teilt Orff mit.

Vor einer Regierungskommission legte Carl ein Dreivierteljahr später das «Einjährige» ab, eine Abschlußprüfung, die nach dem Besuch von mindestens sechs Klassen einer Höheren Schule möglich war und dem Absolventen erlaubte, statt zwei Jahre nur ein Jahr beim Militär zu dienen.

Im Dezember erschien dank der Hilfe des Großvaters Koestler – er gab einen Druckkostenzuschuß – ein Liederheft des Sechzehnjährigen: *Eliland, ein Sang vom Chiemsee, op. 12, für mittlere Singstimme und Klavier*[26]. Der Verleger war Ernst Germann, der den alten renommierten Münchner Joseph Aibl-Verlag übernommen hatte, welcher auch die frühen Werke von Richard Strauss veröffentlichte.

Die Texte entnahm Orff den «Hochlandliedern» von Karl Stieler, dessen Vater Josef Stieler fürstliche Repräsentationsbilder malte und auch die berühmte Schönheitsgalerie für die Münchner Residenz geschaffen hat.

Arnold Schönberg, um 1910

Diese Lieder, von den Zeitgenossen geliebt, wurden mehrfach aufgelegt. Sie sind keine Dichtung von hohem Rang, doch eine behutsame Nachzeichnung der Liebe Elilands, des Mönchs, zur Nonne Irmingard in einer Landschaft des Voralpenlandes, die zu den lieblichsten und, was die beiden Inseln im Chiemsee betrifft, zu den kulturhistorisch bedeutendsten gehört.

Die zehn Stieler-Gedichte hatte der junge Orff innerhalb einer Woche *unbesorgt nach dem Gehör aufgezeichnet.* So war *die Ausgabe voll orthographischer Fehler, die mir unbegreiflicherweise damals niemand verbesserte.*

Werner Thomas, der die frühen, bisher nicht veröffentlichten Werke Orffs beschreibt, ergänzt: «Der Eliland-Zyklus läßt erkennen, wie unbefangen Orffs individuell gefundener, trotz mancher Klischees in der Gesamtheit vorbildloser Frühstil neben den Zeitströmungen von ‹Art nouveau› und ‹Jugendstil› herläuft. Sein Musizieren ist einerseits der sensiti-

Die erste gedruckte Komposition Carl Orffs. München 1911

Zarathustra. Partiturseite 1912

ven Schwingung des ‹Art nouveau› benachbart, der mit sich und seinem Gefühl ein narzistisches Spiel treibt. Es hat aber andrerseits die unter dem Überdruck der Leidenschaft brechende Linie, die ausladende Klanggeste, welche die persönliche Empfindung absolut setzt. Das aber sind Vorzeichen des Expressionismus.» [27]

Den *Eliland-Liedern* gingen zahlreiche andere Klavierlieder voraus, versammelt in den Opuszahlen 1 bis 11, alle im Jahre 1911 entstanden: Vertonungen einiger Gedichte von Ludwig Uhland, Nikolaus von Lenau, Detlev von Liliencron, Theodor Storm, Heinrich Heine und anderen.

Von Anfang an schrieb Orff wortgebundene Musik. Als Opus 14 entstand in den Jahren 1913 und 1914 das Chorwerk *Zarathustra* mit der für die damalige Zeit (etwa zehn Jahre vor Strawinskys «Les Noces») ungewöhnlichen Besetzung von Männerchören, Blasorchester, Schlagzeug und mehreren Klavieren. Orff litt während dieser Zeit. Keine sei, so meinte er in einem Gespräch mit Werner Thomas, so schwer gewesen wie diese, in der er sich durch «schwimmendes Land» hindurchgerettet habe. [28]

Im Jahre der *Eliland-Lieder* begann dann der erste geregelte Theorieunterricht für den jungen Orff bei einem Freund des Vaters, dem Kammermusiker August Haindl, Bratschist des Münchner Hoforchesters und zeitweise auch Dirigent der «Wilden Gung'l». Haindl, *ein durchaus künstlerischer Mensch, unterrichtete recht und schlecht nach der alten, ziemlich pedantischen Harmonielehre von Richter, einem Buch aus den achtziger Jahren des 19. Jahrhunderts* [29]. Eigentlich hatte sich Orff den Unterricht ganz anders vorgestellt. Er fand keinen Bezug mehr zu seinen bisherigen Versuchen und Arbeiten. Hingegen war ihm vieles *durch sein Improvisieren auf Klavier und Orgel längst aus der Praxis, «aus dem Griff», bekannt.* So erwartete er mit Ungeduld die Zeit an der Münchner Akademie der Tonkunst, von der er sich alle Lösungen erhoffte.

Anton Beer-Walbrunn (1864–1929), Rheinberger-Schüler, in dessen Kompositionsklasse Carl Orff 1912 aufgenommen wurde, *war ein sehr bemühter und ungemein liebenswerter Lehrer, eine Spitzweg-Figur mit viel Selbstironie, ein Meister alter Schule mit großem Können und Wissen in seiner Art. Doch leider war meine Art von Natur aus ganz anders, in vielem der seinigen völlig entgegengesetzt, so daß uns beiden nicht der Erfolg beschieden war, der unseren gegenseitigen Bemühungen entsprochen hätte.* [30] Die Akademie erschien Orff *konservativ* und *altväterlich. Zu lange hatte ich auf freier Wildbahn meinen so anders gearteten Ideen, Plänen und Experimenten gelebt, als daß ich mich nun in die Enge dieser Anstalt hätte einfügen können.*

Im Herbst 1912, kurz vor der Aufnahmeprüfung an der Akademie, stieß Orff auf die 1911 erschienene Harmonielehre von Arnold Schönberg, die dem Andenken Gustav Mahlers gewidmet ist.

Schönbergs mutiges, aufrechtes Vorwort begeisterte ihn. Er spürte nicht nur den engagierten Lehrer, sondern auch dessen nichttraditionelle Auffassung vom Schüler-Meister-Verhältnis, das Anton Webern 1912 so beschrieb: «Dies ist eine Erziehung zur äußersten Wahrhaftigkeit gegen sich selbst. Sie ergreift neben dem rein Musikalischen auch alle anderen Gebiete des menschlichen Lebens. Ja, wahrhaftig, man erfährt bei Schönberg mehr als Kunstregeln. Wessen Herz offen steht, wird hier den Weg des Guten gewiesen.»[31]

Am Ende seiner Münchner Studienzeit beschäftigte sich Carl Orff noch einmal mit Schönberg. Obwohl ihn *die meisterliche Faktur der Kammersymphonie op. 9 mit dem straussischen Einschlag*[32], noch mehr aber die «Fünf Orchesterstücke op. 16» mit ihrer eminenten Klanglichkeit fesselten, konnte Orff zeitlebens keinen Zugang zu Schönbergs Werken finden. Als Huldigung für den Meister stellte Orff jedoch von der Kammersymphonie einen Klavierauszug her.

Carl Orff, 1911

Hommage à Debussy

Im Jahre 1911 entdeckte der sechzehnjährige Orff in einer Münchner Musikalienhandlung einige Studienpartituren von Werken Claude Debussys, darunter auch die «Nocturnes». Studienpartituren waren in jener Zeit Raritäten. *Nun aber lagen die Entschlüsselungen aller dieser seltsamen Klangbilder und Klanggebilde vor mir,* erinnert sich Orff. *Stundenlang blieb ich vertieft und verstrickt in diese Lektüre. Dies war die Musik, die ich suchte, die mir vorschwebte, dies war die Musik, die mir so neu wie vertraut war, dies war der Stil, in dem ich mich ausdrücken konnte.*[33]

Es war die Musik des Fin de Siècle mit einer neuartigen Einstellung zum Tonmaterial, geschrieben im französischen klassischen Geist, mit Goût und Raffinement, das Tänzerische, das Mittelmeerische betonend; Musik, die subtilste Nuancen auszusprechen fähig war und gleichzeitig höchste Bühnenwirkung erzielte. *Das Erlebnis dieser Musik,* so fährt Orff in seinen Erinnerungen fort, *war mit einem Dammbruch zu vergleichen, der meine ganze geistige Landschaft veränderte. So studierte ich nun zu Hause tagelang diese Partituren, spielte sie am Klavier und versuchte, mir die neuen zauberhaften Klänge vorzustellen.* Am liebsten wäre er, Orff, unverzüglich nach Paris gefahren, um bei dem Meister endlich das zu lernen, was er brauchte, was ihm weiterhelfen würde.

Im Münchner Völkerkundemuseum suchte Orff nach fernöstlichen Instrumenten, weil er wußte, daß Debussy auf der Pariser Weltausstellung 1889 stark von der Musik Hinterindiens und Javas beeindruckt worden war. Debussy hatte den Zauber dieser Musik zwar in seinen Werken mitgeteilt, nie aber ein Instrument dieser Musikkultur verwendet. Anders Orff: *Ich erinnere mich, wie ich einen leisen Schauer erlebte, als ich ganz vorsichtig einen großen Gong anschlug. Unbewußt fühlte ich, daß in diesem Instrument noch eine Klangwelt schlief, die für mich einmal von großer Bedeutung werden sollte.*[34]

Bald darauf konnte Orff den deutschsprachigen Klavierauszug von Debussys «Pelleas und Melisande» nach dem Textbuch von Maurice Maeterlinck erwerben. Für den jungen Orff entstand aus dem *Erlebniskomplex Debussy und Maeterlinck* der erste Plan für ein Bühnenwerk. *Ich sah damals das Theater und besonders das Musiktheater durch Mae-*

Claude Debussy, 1909

terlincks Brille, die nicht zu meinen Augen paßte und mir eine falsche Sicht gab. In vielem verschob und verzerrte sich das Bild, was ich aber in meiner Begeisterung nicht merkte, schreibt er.[35]

Der Versuch, aus der Übertragung des japanischen Dramas «Terakoya oder die Dorfschule», dem Hauptakt eines historischen Trauerspiels, *ein europäisches Musikdrama* zu machen, mißglückte. Auch begann mit diesem Werk eine Reihe anderer jugendlicher Schiffbrüche. Immer noch im Bannkreis Maeterlincks, vertonte Orff in den Jahren 1913 und 1914 sieben Gedichte aus dessen Sammlung «Serres chaudes» (Treibhauslieder), 1899 in Paris geschrieben. Das Gedicht «Feuillage du cœur» (Herzgewächse) hatte Arnold Schönberg 1911 für hohen Sopran, Harmonium, Celesta und Harfe gesetzt. Orff dachte dagegen an *ein Traumspiel für Tänzer, Solostimmen, Chor und Orchester.* Von der nur teilweise ausgearbeiteten Partitur sind noch Skizzen einiger Takte erhalten. Am Ende des Jahres schrieb Carl Orff an einen Studienfreund: *Du erkundigst Dich nach den Treibhausliedern. Die gibt es nicht mehr. Ich habe den ganzen dekadenten Dreck ins Feuer geschmissen. Es kam über mich über Nacht. Es war wie ein Schwindelgefühl. Mir war, als hätte ich mich auf einem Gebirgsgrat verstiegen. Hier gab es kein Weiter. Finis musicae. Mir schien es, als wäre ich einer gefährlichen Krankheit entronnen. Ich mußte so oder so über all das hinwegkommen und stürzte mich zurück in die heimatliche Welt, in die Arme Meister Richards. An «Salome» und «Elektra» habe ich mich geklammert, um mich wieder zu beruhigen.*[36]

Der Theaterkapellmeister

Nach einer Erschöpfungspause begann Carl Orff 1915, *erst zögernd, dann spontan und unwiderruflich*[37], sich auf die Theaterlaufbahn vorzubereiten. Er nahm wieder Klavierunterricht, diesesmal bei Hermann Zilcher, der als Pianist, Komponist und Dirigent in München hochgeschätzt war. Zilcher war mit Otto Falckenberg befreundet, dem Mitbegründer des legendären literarischen Münchner Kabaretts «Die elf Scharfrichter» und seit 1914 Regisseur des Schauspielhauses. Er schrieb für Falckenbergs Inszenierung der Komödie «Wie es Euch gefällt» von Shakespeare eine Bühnenmusik. Zilcher kannte Orffs Bühnenbesessenheit. Als er vorübergehend erkrankte, sprang Orff für ihn ein und dirigierte. Daraufhin wurde Carl Orff als Kapellmeister verpflichtet: *Tag und Nacht war ich im Theater* (das damals noch in der Augustenstraße war), *hielt Proben mit Klavier und Orchester, soufflierte und beleuchtete, und, wenn Not am Mann war, half ich auch beim Umbau der Szene.*[38]

Bald darauf war Orff in den Probezimmern des Hof- und Nationaltheaters anzutreffen: «Sein ehemaliger Akademielehrer Felix von Kraus ließ ihn dort repertieren, was es nur zu repertieren gab.»[39]

Am 1. August 1917 wurde Orff beim Ersten Bayerischen Feldartillerieregiment zum Kriegsdienst eingezogen und nach einer kurzen Ausbildung an die Ostfront versetzt. *Schwer ruhrerkrankt wurde ich bei einem heftigen Artilleriebeschuß meiner Batteriestellung im Unterstand verschüttet. Bewußtlos geborgen, kam ich zuerst in ein Feldlazarett, dann in die Etappe, von wo aus ich als «nicht mehr kriegsverwendungsfähig» in die Heimatgarnison zurückgeschickt wurde. Damit war meine «wunderliche Militärlaufbahn» (Goethe) zu Ende*[40], erinnert sich Orff.

Im Frühsommer 1918 – mit viel Energie waren schwere Sprachstörungen, Bewegungsgehemmtheit und zeitweiliger Gedächtnisverlust, die Folgen des Verschüttetseins, fast überwunden – kam Carl Orff als Kapellmeister zu Wilhelm Furtwängler ans Nationaltheater Mannheim, und, nachdem dieser Interimsvertrag abgelaufen war, in gleicher Stellung ans Großherzogliche Hoftheater in Darmstadt.

In Mannheim komponierte der dreiundzwanzigjährige Orff zu Georg Büchners bezauberndem Lustspiel «Leonce und Lena», das dieser im gleichen Alter geschrieben hatte, eine Bühnenmusik, die der Altera-

1917

tionsharmonik verpflichtet war, wie sie Richard Strauss ausgebildet hatte. Orff übernahm die Worte Adalbert von Chamissos («Wie ist mir eine Stimme doch erklungen im tiefsten Innern, und hat mit einem Male mir verschlungen all mein Erinnern»), die Büchner als Motto vor den zweiten Akt gestellt hat. Doch das «tiefste Innere» Chamissos verlockt Orff nicht mehr in den bodenlosen Abgrund Maeterlincks. Seine Vortragsanwei-

sung zur Musik *Sehr langsam und schwärmerisch* könnte Eusebius erfunden haben. «Was sich in Selbstüberhöhung der Linie aussingt, öffnet im Überschwang des Gefühls eine romantische Zone der Entrückung», stellt Werner Thomas fest, der sich im besonderen mit den Jugendkompositionen Orffs auseinandergesetzt hat.[41]

In diesem Nocturno ist die musikalische Substanz des 1917 komponierten ersten «Sommernachtstraums» aufgegangen. Der Entwurf zum «Sommernachtstraum» war nach Orffs Urteil *noch Musik zum Theater; die Bühnenmusik zu «Leonce und Lena» war selbst Theater geworden*[42]. Ein unvollständiger Klavierauszug der Musik zu «Leonce und Lena», mit spärlichen Instrumentationsangaben, ist erhalten geblieben, die Partitur verschollen.

Lehrjahre bei den alten Meistern

Im Sommer 1919 kehrte Orff nach München zurück, *in die Maillinger-straße, in mein Geburtshaus und mein Zimmer, in dem ich geboren war, das meine Arbeitsstätte wurde für viele, viele Jahre, zwei entscheidende Jahrzehnte meines Lebens* [43].

Obwohl der Sprung in den Beruf geglückt war, wollte Orff wieder lernen und *die alten Meister studieren,* wie er in sein Kriegstagebuch notiert hatte.[44]

In der Musiksammlung der Bayerischen Staatsbibliothek, die nach Orffs Worten zur *alma mater* wurde, entdeckte er Carl von Winterfelds bedeutendes Werk «Johann Gabrieli und sein Zeitalter». Im dritten Teil der umfangreichen Publikation befand sich eine «Sammlung geistlicher und anderer Tonwerke vorzüglicher Meister des 16. und 17. Jahrhunderts», in Partitur geschrieben. Es war Musik, die Orff *noch nie zu Gesicht und zu Gehör bekommen hatte.* Sie blieb für ihn der *Inbegriff großer Musik.*

An seinen Versuchen, sich *Klarheit zu verschaffen,* ließ Orff andere teilnehmen [45]; er unterrichtete, ging aber auch selbst noch einmal zu einem Lehrer – zu Heinrich Kaminski, der im Alpenvorland zwischen Benediktbeuern und Kochel im Haus der Witwe von Franz Marc lebte.

Karl Marx, einer der ersten Schüler Orffs, berichtet, daß «Orff sich intensiv mit Bach und älteren Meistern auseinanderzusetzen begonnen hatte. Da lagerten auf dem Flügel dicke Bände von Denkmälern und Gesamtausgaben von Buxtehude, Pachelbel, Krieger, Haßler, Lasso und anderen – noch gab es von diesen Meistern kaum Ausgaben für den praktischen Gebrauch.»[46] Orff fühlte sich vom Zauber dieser strengen Ordnungen angezogen und arbeitete lange an polyphonen Studien.

Zu Orffs Schülern gehörte auch Hans Ferdinand Redlich; im Vorwort zu seiner Monteverdi-Biographie gedenkt er Orffs, der ihn «in die Schönheiten der Partitur des ‹Orfeo› einführte» [47]. Werner Egk war ebenfalls Schüler Orffs. *Egk war ein großartiger Wildwuchs, gefährlich vielseitig begabt, voller Pläne und Ideen ... Wir beide, Egk und ich, durch so viel Gemeinschaftliches verbunden, ergänzten uns bestens. Unsere ersten großen Partituren begutachteten wir wechselseitig und manch entscheidender Ratschlag lebt in seinem und meinem Werk heute noch weiter.*[48]

*Heinrich Kaminski,
um 1940*

*Das Gartenhaus der Witwe von Franz Marc,
in dem Heinrich Kaminski Orff unterrichtete*

Werner Egk

Am 1. März 1921 gab Orff, zusammen mit der Sopranistin Lotte Leonard und dem Tenor Hans Depser, in Berlin seinen ersten Kompositionsabend. Vorgestellt wurden Lieder nach Texten von Franz Werfel, die alle 1920 entstanden waren. Trotz der einhelligen Verurteilung durch die Presse wurde dieser Abend für Orff unvergeßlich. Über Heinrich Kaminski hatte er kurz zuvor Curt Sachs, den damaligen Leiter der Staatlichen Instrumentensammlung, kennengelernt, der, einer jüdischen Patrizierfamilie entstammend, als einer der letzten Gelehrten, die in vielen Wissenschaften bewandert sind, auch mit allen Aspekten der Musikwissenschaft vertraut war. Curt Sachs war der Einladung Orffs zu dessen Konzert gefolgt, beurteilte es positiv und riet dem jungen Komponisten, bei Monteverdi, *dem ersten Musikdramatiker in die Lehre zu gehen*[49]. Orff befolgte diesen Rat unverzüglich. Allerdings war es in den frühen zwanziger Jahren noch schwierig, zu den einzeln und verstreut publizierten Werken Claudio Monteverdis vorzudringen, denn Francesco Malipieros Gesamtausgabe erschien erst ab 1926. Es war deswe-

Beginn des 2. Aktes von Claudio Monteverdis «Orfeo»

Alice Orff, geb. Solscher, 1920

gen von entscheidender Bedeutung, daß Orff dank der Vermittlung der Bayerischen Staatsbibliothek die Originalpartitur des «Orfeo» von Monteverdi sehen und studieren konnte. Sein Plan, den «Orfeo» für eine heutige Bühne einzurichten, verdichtete sich. *Ich fand eine Musik, die mir so vertraut war, als hätte ich sie längst gekannt, als hätte ich sie nur wiedergefunden. Es war eine innere Übereinstimmung, die mich sehr bewegte und die Neues in mir aufbrechen ließ.*[50]

Monteverdi war 40 Jahre alt und am Hof der kunst- und prachtliebenden Fürsten Gonzaga in Mantua tätig, als er sein Meisterwerk, die «Favola in musica, Orfeo» komponierte und damit sofort berühmt wurde. Zeit seines Lebens stand Monteverdi im Widerspruch zur abgelaufenen und der sich neu anbahnenden Musikanschauung. Auf der einen Seite herrschte das konservative Stilideal der Palestrina-Zeit, dem Monteverdi in seiner Kirchenmusik huldigte: Die prima prattica. Im Gegensatz dazu die seconda prattica, die Musik der Generalbaßzeit mit Madrigal, Monodie und Oper, die Revolution gegen eine späte Kultur, die Orff anzog: *Hier lagen neue Grundrisse, hier war noch alles keimhaft und offen für jede Entfaltung, hier war ein neuer Anfang, den ich suchte und hier eher zu finden glaubte als bei einem hochentwickelten Spätstil. Hier hoffte ich einen neuen Weg zur Musikbühne zu erspüren, einen neuen gangbaren Weg, der mich weiterbringen konnte. Ich wollte ab ovo beginnen.*[51]

Orpheus, der Überlieferung nach der Sohn des thrakischen Königs

1921

Oiagros und der Muse Kalliope, folgte seiner jungen, verstorbenen Frau Eurydike in den Tartaros hinab. Mit seinem bezaubernden Gesang rührte er Charon, den Fährmann der Unterwelt, ja selbst den wilden Hades, und Eurydike durfte auf die Erde zurückkehren. Doch der einzigen Bedingung, nicht zurückzuschauen, bis sie im Licht der Sonne wären, hielt Orpheus nicht stand: Er verlor Eurydike für immer.

Die merkwürdige musikalische Überlieferung der «Favola»[52] bestätigte Orff darin, das Werk nicht als musikhistorische Rekonstruktion zurückzugewinnen, sondern es neu zu fassen, es frei zu bearbeiten. Er raffte den Stoff, reduzierte die Handlung, die bei Monteverdi für eine fürstliche Hochzeit mit vielen zeitgenössischen Formeln und Anspielungen geschmückt ist, interpretierte sorgfältig den Generalbaß mit seinen heute noch kühnen Harmoniefolgen, und beschäftigte sich eingehend mit den Instrumenten jener Zeit, soweit sie ihm zugänglich und spielbar waren. Diese Neubearbeitung von Text und Szenarium des «Orfeo» bereitete Orff *viel Kopfzerbrechen* [53].

1923 lernte er Dorothee Günther kennen, eine junge Malerin und Schriftstellerin. Sie war Inszenierungsvolontärin bei Heinz Grethe am Staatlichen Schauspielhaus in Hamburg gewesen und wollte nun in München weiterstudieren. Da sie sich für alte Musik begeisterte, war sie sofort bereit, gemeinsam mit Orff eine Übersetzung und Neubearbeitung des Librettos zu versuchen: Eine glückliche menschliche Begegnung; nach Orffs Worten eine der entscheidendsten seines Lebens.

So entstanden in den zwei darauffolgenden Jahren Neugestaltungen dreier Monteverdi-Werke, des «Ballo dell'Ingrate» (Tanz der Spröden), des «Lamento d'Arianna» und des «Orfeo».

Die Uraufführung des «Orfeo» am 17. April 1923 im Nationaltheater in Mannheim, in der ursprünglichen Besetzung, zum Teil mit alten Instrumenten, blieb nicht ohne Wirkung, obwohl sie von Dirigenten und Theaterleitern als *abwegiges repertoirefeindliches Experiment*[54] bezeichnet wurde, wie Orff sich erinnert. Er selbst hatte *viel gelernt ... zog jedoch das Werk zu einer weiteren Bearbeitung vorerst zurück.*

Nach einer zweiten *praktikablen*[55] Fassung, die am 13. Oktober 1929 in München gezeigt wurde, wagte Orff, erneut von der großen Kraft der Empfindung und des Ausdrucks von Monteverdi angezogen, eine dritte. *Wiederum,* so berichtet er, *begann ich beim Text.*

An die Stelle des Prologs der Musica trat nun ein Sprecher, der die Orpheus-Sage, von Notker Balbulus um 950 im Kloster St. Gallen nach Boethius aufgezeichnet, vorträgt. Neutextierungen (Dorothee Günther hatte den ursprünglichen Text des Mantuaner Schatzkanzlers Alessandro Striggio nicht wortwörtlich übersetzt) schienen Orff unerläßlich: in der Szene der Botin im 2. Akt; dem Dialog zwischen Orpheus und dem Wächter (Orff verwandelte Charon, der Orpheus den Eintritt in die Unterwelt verwehrt, in einen *mythologisch sicher anfechtbaren Wächter der*

Toten) und dem letzten Rezitativ des Orpheus (im 4. Akt bei Monteverdi und bei Orff).

Dem traditionellen Orchester fügte Orff zwei Bassetthörner, zwei Harfen und drei doppelchörige Lauten hinzu. Die Begleitung der dramatischen Rezitative wurde den Streichern und Bläsern übertragen. Es entstand ein neues Klangbild mit modernen Instrumenten, eine Klangfarbenbehandlung, die heute schon wieder zeitgebunden scheint.

Die Uraufführung dieser Neufassung des *Orpheus* fand am 4. Oktober

Dorothee Günther, um 1923

1940 unter Karl Böhm im Opernhaus zu Dresden statt. Emil Preetorius schuf die Bühnenbilder.

Dorothee Günther, deren Begabung und Einfallskraft sich ab 1924 auf die Günther Schule konzentrierte, zeichnete für die Textbearbeitung der Aufführung des *Orpheus* (1. Fassung) am Nationaltheater in Mannheim verantwortlich (Inszenierung Richard Meyer-Walden, Bühnenbild Heinz Grethe, Musikalische Leitung Werner von Bülow). Sie schuf auch das Bühnenbild und die Kostüme für die Uraufführung des «Ballo dell'Ingrate» (1. Fassung) am 28. Dezember 1925 im Landestheater Karlsruhe (Inszenierung Otto Kraus, Musikalische Leitung Ferdinand Wagner).

Orff war sich bald darüber klar, daß alle drei Werke, der «Orfeo», das «Lamento d'Arianna» und der «Ballo dell' Ingrate» als abendfüllende Einheit gebracht werden müßten. Unter der Leitung von Ferdinand Leitner, der Regie von Paul Hager und im preziösen Bühnenbild von Jean-Pierre Ponnelle wurden sie als *Lamenti, liberamente tratto da opere di Claudio Monteverdi*[56] bei den Schwetzinger Festspielen 1958 aufgeführt.

So endeten Orffs Lehrjahre bei Monteverdi nach mehr als drei Jahrzehnten mit der Herausgabe der *Lamenti*: *Ich hatte an meinen Fehlern und Irrtümern gelernt,* schreibt er. *Meine Arbeit an Monteverdis Werk war deshalb für mich entscheidend wichtig, weil es mir dabei nicht um eine historische Bearbeitung und Ausarbeitung ging, sondern um eigene Stilfindung anhand eines Meisterwerks der Vergangenheit.*[57]

Das Lebenswerk Orffs ist ohne Monteverdi kaum zu denken. Doch auch die Monteverdi-Wissenschaft fühlt sich Carl Orff verpflichtet. So hat Wolfgang Osthoff recht, wenn er Orffs Neigung zu den Archetypen des Theaters, dem Mysterienspiel und dem Volksstück, den Renaissance-Trionfi, dem Shakespeare des «Sommernachtstraums» und dem frühen Monteverdi herausstellt.[58] Zwar begann Orff 1925 sich auch mit Spätwerken Monteverdis, der «Incoronazione di Poppea» und dem «Ritorno d'Ulisse», zu befassen, doch blieben diese Bearbeitungen unvollendet.

Zu den Werken dieser Zeit gehören organale Cantus-firmus-Sätze, ein *Kleines Konzert für Cembalo und Instrumente*[59], vor allem jedoch die *Entrata*[60]. Sie basiert auf William Byrds Cembalostück «The Bells» und wurde von Orff für fünfchöriges Orchester und Orgel gesetzt. Bereits im Sommer 1930 war das Werk unter der Leitung von Hermann Scherchen in Königsberg auf dem weitläufigen Messegelände von Lautsprechertürmen ausgestrahlt worden. 1963 neu gefaßt, von Heinz Rosen choreographiert, wurde die *Entrata* die festliche Aufzugsmusik zur Wiedereröffnung des Münchner Nationaltheaters.

Vielchörig und vielstimmig erklang sie im Sommer 1978 auf dem Münchner Marienplatz, eine wahrhafte Turm- und Stadtmusik.

Die «Zeitgenössische»
und der «Münchener Bachverein»

In der Zeit seiner *Lehrjahre* waren die «Vereinigung für Zeitgenössische Musik» und der «Münchener Bachverein» für Carl Orff von großer Bedeutung.

Fritz Büchtger, der mit Engagement, Noblesse, großer Bescheidenheit und Erfahrung 1927 die «Vereinigung für Zeitgenössische Musik» gegründet hatte und ihr vorstand, veranstaltete in den Jahren 1929 bis 1931 vier Musikfeste, die bahnbrechend für die Neue Musik wurden und auch Künstler höchsten Ranges nach München zogen. Paul Hindemith spielte 1929 sein Bratschenkonzert, Béla Bartók und Alexander Tscherepnin traten als Pianisten auf, Igor Strawinsky und Hermann Scherchen dirigierten. Von Werner Egk, Alois Hába, Arthur Honegger, Heinrich Kaminski, Francesco Malipiero, Carl Orff und anderen wurden Kompositionen aufgeführt. Über diese Zeit berichtet Orff: *Gerade in dem Jahrzehnt, da ich Versuche und Experimente aller Art machte, war die Möglichkeit, die geschriebenen Zeichen lebendig zu erleben, etwas Entscheidendes. Alle meine damals entstandenen Werke wurden in der «Zeitgenössischen» angesetzt und Büchtger brachte auch zuwege, daß die Staatstheater die Neufassung meiner Orpheus-Bearbeitung und den «Tanz der Spröden» szenisch aufführten. Darüber hinaus bot er mir die Gelegenheit, meine Idee einer szenisch-konzertanten Aufführung der Lukas-Passion zu verwirklichen.* [61] So versuchte Orff, der *schon lange der Überzeugung gewesen, daß manche oratorischen Werke durch eine szenische oder halbszenische Aufführung eindrucksvoller zu gestalten wären als rein konzertant* [62], die sicherlich nicht von Johann Sebastian Bach stammende, jedoch zu einem Teil in seiner Handschrift überlieferte Lukas-Passion aus einer gänzlich anderen Perspektive darzubieten: Er wollte *den Sinn der naiven und anmaßenden Texte durch entsprechenden Vortrag völlig verändern, damit das Ergebnis der Passion gleichsam aus dem Negativen –* «*so gebrechlich und anfechtbar ist der Mensch» – entwickeln.* Orff dachte an eine Dorfkirche oder an ein *andernorts aufgeschlagenes, primitives Spielgerüst. Auf der Bühne, gleichsam in einem Ausschnitt der Rückseite, etwas erhöht, die turbae, das Volk, darüber eine Projektion: Im ersten Teil eine bäuerliche Malerei im Stil von Hinterglasbildern aus Südtirol, ein Ecce homo aus dem 15. Jahrhundert, im zweiten Teil ein*

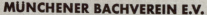

Crucifix, der gleichen Zeit entstammend.[63] In der Mitte des Hintergrundes eine kleine Bank für den Jesusdarsteller. Links seitlich ein kanzelartiges Pult für den Evangelisten, rechts ihm gegenüber ein kleines niederes Podest für die jeweils auftretenden verschiedenen Spielfiguren ... Alle Mitwirkenden in schwarzer, einfacher, fast bäuerlicher Kleidung, matte Beleuchtung, Saal verdunkelt. Alle Solisten, turbae und Choralchor singen auswendig.

Wochenlange Übungen in mimischem und gestischem Singen waren nötig. *Die mimische Interpretation verlangte eine ganz bestimmte neue Klanggebung und besonders charakteristische Textaussprache und -gestaltung. Dynamische Bezeichnungen genügten daher nicht. Der Vortrag*

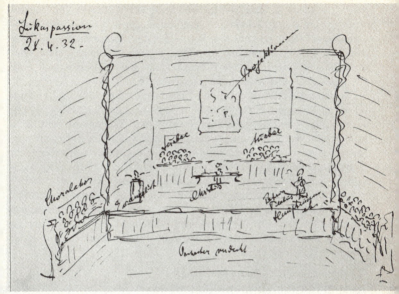

Ein Entwurf Orffs für die szenisch-konzertante Aufführung der «Lukas-Passion»,
1932

Projektion bei der Aufführung der «Lukas-Passion» in Berlin, 1932

mußte die ganze Ausdrucksskala von «heftig ausbrechend», «sich furchtsam duckend», «hilflos infantil», «naiv», «ängstlich», «sich überhebend», «groß-sprecherisch», «beschränkt», «einfältig herausfordernd», aber auch «menschlich angerührt» umfassen. Ergänzend gab sich einfachstes gestisches Mitgehen. Durch Körperhaltung mußte Anteilnahme oder gleichgültiges Dabeisein ausgedrückt werden.[63]

Die erste Aufführung der Lukas-Passion in Orffs Bearbeitung und unter seiner Leitung und Regie fand im April 1932 im Rahmen der «Zeitgenössischen» im Münchner Künstlerhaus statt. Weitere Aufführungen in München und Berlin folgten. Orff gesteht, daß er im Zwiespalt war. *Die einst naiv fromm empfundenen Texte der Choräle* konnte er nicht mehr nachempfinden. *Es war die Zeit, da die «Lehrstücke» (1930) geisterten, und so wurde diese Passion auch zum Lehrstück.* [64]

Nach der Aufführung der Lukas-Passion in der «Zeitgenössischen» wurde Carl Orff von Karl Marx, dem Kriegskameraden und ehemaligen Schüler, der seit 1928 als Nachfolger Edwin Fischers Chorleiter im «Münchner Bachverein» war, als Dirigent und Mitleiter berufen. In der

Carl Orff bei einer Probe zu Bachs «Lukas-Passion»

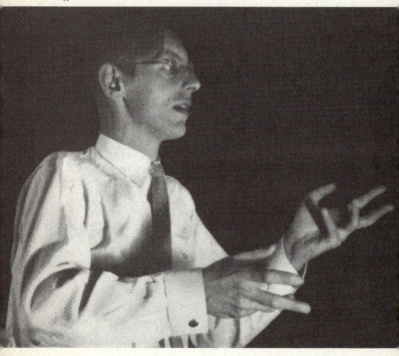

nun folgenden Zeit bieten die Programmzettel des «Münchener Bach-vereins» ein Panorama erlesener musikalischer Literatur. Folgende Konzerte standen unter Carl Orffs Leitung: Georg Bendas «Ariadne auf Naxos», dargestellt als Marionettentheater mit Erika Mann als Ariadne und Therese Giehse als Oreade; Agostino Steffanis «Niobe» mit Felicie Hüni-Mihacsek, Tommaso Traetta, Arie und Chor; Rezitativ und Arie aus der Oper «Antigone» mit Felicie Hüni-Mihacsek; Heinrich Schütz' «Historia der Auferstehung Jesu Christi» in einer *neuen musikalischen Interpretation*[65] Carl Orffs, und Glucks «De profundis», das vermutlich in seinen letzten Lebensjahren entstanden und bei seiner Beisetzung 1787 aufgeführt worden ist.

Am 31. März 1933 dirigierte Carl Orff Schütz' «Historia der Auferstehung Jesu Christi». Kurz darauf verließ er den «Bachverein». Karl Marx, der nach 1934 wegen seines Namens und seiner Kompositionen, die nicht mehr ausschließlich tonal waren, persona ingrata wurde, teilte sich bis 1939 mit Christian Döbereiner in die Leitung des Vereins. Christian Döbeneiner rettete den «Münchener Bachverein», dessen Geschichte noch nicht geschrieben wurde, über die Kriegsjahre.

Das «Schulwerk»

Carl Orffs Idee zur Erziehung durch Musik ist über fünfzig Jahre alt. In den zwanziger Jahren geboren, war sie einem wechselhaften Schicksal ausgesetzt. *Das Schulwerk entstand nicht aus einem vorbedachten Plan – einen so weitreichenden hätte ich mir gar nicht erdenken können. Das Schulwerk entstand aus einer Notwendigkeit heraus, die ich als solche erkannte.*

Wesen und Zweck des Schulwerkes lassen sich erklären, *wenn man seine Entstehung verfolgt*[66].

Den Beginn des neuen Jahrhunderts beschreibt Orff als *einen Frühlingssturm, der in den ersten Jahrzehnten durch die Münchner Stadt, die Ludwigsstraße hinab durchs Siegestor und die Leopoldstraße brauste und in Schwabing eine begeisterte Jugend von Dichtern, Literaten, Malern und Musikern durcheinanderwirbelte, in Schwabing, das zu einer Hochburg junger, zukunftsweisender Kunst und nicht zuletzt zu einer Heimstätte für die «Neue Tanzbewegung» wurde, die weithin von sich reden machte.*[67]

Was als «Neue Tanzbewegung» auftrat und später als «New German Dance» berühmt wurde, verdankt die Welt Mary Wigman, der Schülerin von Émile Jacques-Dalcroze und Rudolf von Laban.

Schon seit ihrem ersten Auftreten im Jahre 1919 prägte sie einen neuen Stil, der auf reiner Bewegungsdynamik beruhte und als absoluter Tanz, als *Tanz, der sich nicht an Musik emporrankt und diese voraussetzt,* bezeichnet wurde. Eine Revolution aus dem Körper also. Ein Tanzideal ohne romantisierenden Blick nach rückwärts. «Der Hexentanz», von dem auch Orff in seiner Dokumentation berichtet, war, wie Mary Wigman schrieb, «der einzige meiner Solotänze, vor dessen Beginn ich nicht vom Lampenfieber geschüttelt war. Wie habe ich es geliebt, mich in seine Ausdruckswelt hineinzusteigern, wie heiß war ich bei jeder seiner darstellerischen Wiederholungen bemüht, mich in den ursprünglichen Zustand zurückzuversetzen und seine bewegte Form von dorther zu erfüllen, von wo sie gekommen war.»[68]

Die unerhörte Musikalität, die Mary Wigmans Tänze beseelte, faszinierte Orff: *Sie konnte mit ihrem Körper musizieren und Musik in Körperlichkeit umsetzen. Ihren Tanz empfand ich als elementar. Auch ich*

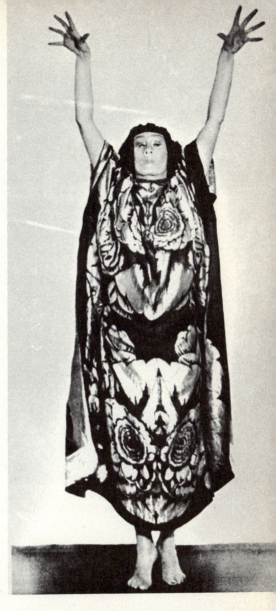

*Mary Wigman, um 1928.
Der Hexentanz*

suchte das Elementare, die elementare Musik.⁶⁹ Orff erläutert: *Was ist elementar? Elementar, lateinisch elementarius, heißt «zu den Elementen gehörig, urstofflich, uranfänglich, anfangsmäßig». Was ist weiterhin ele-*

53

München. Luisenstraße 21. Im Gartenhaus dieses Gebäudes war die Günther-Schule von ihren Anfängen bis 1936 untergebracht

mentare Musik? Elementare Musik ist nie Musik allein, sie ist mit Bewegung, Tanz und Sprache verbunden, sie ist eine Musik, die man selbst tun muß, in die man nicht als Hörer, sondern als Mitspieler einbezogen ist. Sie ist vorgeistig, kennt keine große Form, keine Architektonik, sie bringt kleine Reihenformen, Ostinati und kleine Rondoformen. Elementare Musik ist erdnah, naturhaft, körperlich, für jeden erlernbar und erlebbar, dem Kind gemäß.[70]

Dorothee Günther, durch Vorträge, Aufsätze und Kurse auf dem Gebiet der Gymnastik ausgewiesen, sprach öfters von einer Schule, *in der verschiedene Lehrausbildungen moderner Körper- und Tanzerziehung vermittelt werden sollten, für jede Veranlagung ein ihr gemäßes Studium. Sie dachte an drei Ausbildungswege, Gymnastik, Rhythmik und künstlerischer Tanz, denen eine gemeinsame Grundausbildung vorangehen sollte,* berichtet Orff.[71] Als eines Abends das Gespräch wieder auf die geplante Schule kam, definierte Orff die *elementare Musik und ihre Bedeutung für die Bewegungserziehung und entwarf einen Plan für eine «Elementare Musikausübung», die allein an einer Bewegungsschule am Platze wäre.*

Orff und Dorothee Günther hatten also ein Atelier im Sinn, um eine neue Art der Musikausbildung zu erproben. Viele Gespräche folgten. *Dabei herrschte immer eine seltsame Atmosphäre: ich kann sie nur mit einer Vorfrühlingsstimmung vergleichen, alles noch Versprechen, Gedanke, Idee,* erinnert sich Orff. Im September 1924 wurde die heute bereits legendäre Günther-Schule in einem Hinterhofgebäude der Münchner Luisenstraße eröffnet. Weder die Nachkriegszeit noch die Inflation entmutigte die Initiatoren. *Außer Günther, die die Schule leitete und alle theoretischen Fächer unterrichtete* und Orff, der *für die Musikausbildung zuständig war,* gab es noch drei Fachkräfte für Gymnastik, Rhythmik und Tanz. *Wir waren alle von einem Optimismus erfüllt, der unserem Lebensalter entsprach. Unser Start war geglückt.*[72]

Orff hatte nun die Arbeitsstätte, in der er seine Aufgabe, die er sich selbst gesetzt hatte, nachgehen konnte, der *Regeneration der Musik von der Bewegung, vom Tanz her*[73].

Viele Jahre später schilderte Dorothee Günther ihren damaligen Kollegen: «Die Eigenart der künstlerischen Persönlichkeit Carl Orffs, sein Musizier- und Dirigierstil und nicht zum mindesten seine Zielstrebigkeit, das Musizieren im allgemeinen wieder seiner natürlichen Grundlage zuführen zu wollen, schufen in mir die Überzeugung, in ihm den rechten Mitarbeiter gefunden zu haben ... Das Ziel war eine Einheit von Musik und Bewegung, die nicht auf Zufälligem und Subjektivem aufbaut, sondern in der sich Musik und Bewegung in ihren Grundelementen verschwistern bzw. einem Quell entspringen. Das Ergebnis dieser Arbeit auf rein musikalischem Gebiet ist das Schulwerk und es ist kennzeichnend für die ganze Art und für die Persönlichkeit Carl Orffs, daß der theoretische Führer durch dieses Werk – das Einführungswerk – rund 10 Jahre nach der praktischen Versuchsarbeit erscheint.»[74]

In der Günther-Schule entwickelte Orff seine Idee der Einheit von Musik und Tanz, später der Einheit von Sprache, Musik und Tanz.

Wiederum reflektierte Orff kritisch die musikalische Vergangenheit. Er orientierte sich an der altgriechischen Musiké, dem «unübersetzbaren Wort»[75], wie der bekannte Musikhistoriker Thrasybulos Georgiades, in frühen Jahren Schüler Carl Orffs und ihm zeitlebens als Freund verbunden, es bezeichnet. Er fährt fort: «Und doch lebt das Wort in sei-

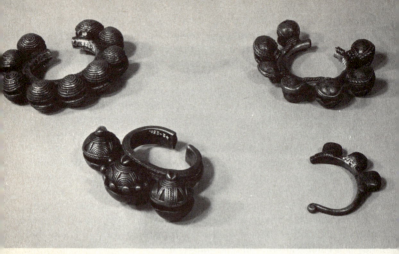

Afrikanische Rasseln

ner abendländischen Abwandlung bis heute; es ist in aller Munde.» Erläuternd fügt Georgiades hinzu: «Das der Musik und der Sprache Gemeinsame aber, das, worin sich auch die Einheit von Musik und Vers bekundete, ist der Rhythmus. In der Chorlyrik, die getanzt wurde, war er außerdem auch der Rhythmus des Tanzes. So verbindet der Rhythmus Sprache, Vers, Musik und Tanz.»[76]

Orff interpretiert den Rhythmus folgendermaßen: *Rhythmus zu lehren, ist schwer. Rhythmus kann man nur lösen, entbinden. Rhythmus ist kein Abstraktum, Rhythmus ist das Leben selbst. Rhythmus wirkt und bewirkt, er ist die einigende Kraft von Sprache, Musik und Bewegung.*[77]

Ausgangspunkt des elementaren Musizierens war für Orff die Improvisation. Von Anfang an bezog er Körpergesten (Händeklatschen, Fingerschnalzen, Stampfen) in einfachen bis schwierigen Formen und Zusammensetzungen als erste «Instrumente» in seinen Unterricht ein. Bald darauf kamen verschiedene Arten von Rasseln und Trommeln, die zu den urältesten Instrumenten der Menschheit gehören, hinzu. Einfache Ostinati[78] dienten als Grundlage und Impuls. Weitmaschige Rhythmen, die große Flächen überzogen und zusammenfaßten, waren für Orff wichtig. Das fließend Entstehende und Vergehende war der Reiz dieser Ensemblebildung, die späterhin auch auf Schlagwerk und Instrumente übertragen wurde.[79]

Für alle Schüler der Rhythmik- und Tanzabteilung der Günther-Schule, ob musikalisch vorgebildet oder nicht, war das Fach *Klavierübung* verbindlich.

Die Bordunquinte [80], eine zu mannigfachen Veränderungen anregende musikalische Formel, war der Ausgangspunkt dieser Übung. Der sich dabei herausbildende *Bordunstil*[81] wurde für Orffs Konzept einer *elementaren Musikübung* von großer Bedeutung. In Gunild Keetmans «Erinnerungen» spiegeln sich diese Stunden: «Wenn Orff sich ans Kla-

Klavierübung in der Günther-Schule

14. *Pentatonische Improvisation*

Anna Barbara Speckner-Georgiades, um 1930

vier setzte und anfing zu spielen – ich weiß nicht mehr, was, aber wie er spielte, sozusagen mit vier oder mehr Händen –, zauberte er neue Klänge und verstand es, uns alle Musikstile an Beispielen, die ihm gerade dazu einfielen, unvergeßlich einzuprägen. Oder er improvisierte immer Neues und Überraschendes und konnte kaum enden ... Es war eine oft hart anmutende Musik, in der Quinten und Quarten, auch Sekunden dominierten, in der keine kadenzierenden Abschlüsse, selten Dreiklänge vorkamen, dafür aber weitgespannte freie Melodiebögen, die sich meist den Gesetzen der Symmetrie und der Entsprechungen entzogen, die neue, große Räume schafften.»[82]

Die Münchner Cembalistin Anna Barbara Speckner-Georgiades übernahm bald den Einzelunterricht in *Klavierübung,* der neben dem Gruppenunterricht erteilt wurde und Harmonielehre, Kadenz- und Generalbaßspiel einbezog. Sie wurde nach Orffs Worten *eine wichtige Hilfe und Mitarbeiterin,* begleitete jahrelang, oft mit eigenen Bearbeitungen, die Tanzgruppe der Günther-Schule und war die Solistin des 1928 uraufgeführten *Kleinen Konzert für Cembalo, Flöte, Oboe, Fagott, Trompete und Schlagwerk,* das von Orff nach Lautensätzen aus dem 16. Jahrhundert frei gefaßt worden war.

Auch der Chor der Günther-Schule übte sich unter der Leitung von Karl Marx in vokalen Improvisationen. Halbtonlose pentatonische Skalen[84] ordneten sich unter seiner Führung und formenden Kraft und leben noch heute in der Erinnerung Orffs als *Gebilde,* von denen *magische Kraft* ausging[85], fort.

1925 kam Maja Lex, *die Tänzerin, als Tänzerin geboren und lebenslang dem Tanz als ihrem Element verschworen*[86], als Studierende an die Günther-Schule. Bald darauf trat Gunild Keetman, *ein Naturtalent gleichermaßen für Bewegung wie für die Musik* ein. Als Gunild Keetman die drei Ausbildungsjahre an der Günther-Schule absolviert hatte, «fragte [mich] Orff, auf der Suche nach einer Mitarbeiterin, die seine Ideen in der Praxis ausprobieren und ausarbeiten konnte, ob ich nicht als solche in der Schule bleiben wollte. Ich willigte freudig ein, nicht ahnend, daß daraus eine lebenslange Arbeit und Zusammenarbeit werden sollte, nicht ahnend die Auswirkungen und Verbreitung, die unsere in so kleinem Kreis begonnenen Versuche später einmal haben würden, zum Glück aber auch nicht ahnend, welch zähe Arbeit, wieviel Mühe und Überwindung von Schwierigkeiten damit verbunden sein würden.»[87]

Heute weiß Orff: *Ich greife nicht zu hoch, wenn ich sage, daß ohne Keetmans entscheidende Mitarbeit, durch ihre Doppelbegabung, das Schulwerk nie hätte entstehen können.*[88]

Maja Lex und Gunild Keetman waren auch bestimmend für den internationalen Ruf und Erfolg der 1930 gegründeten und im In- und Ausland auftretenden Tanzgruppe der Günther-Schule. Für Orffs Idee, einen elementaren Musikstil zu entwickeln, hatte das Aushorchen des Schlagwerks – für ihn das urtümlichste aller Instrumentarien – entscheidende Bedeutung. In diesem Musikstil sollte es nicht mehr akzidentiell, sondern essentiell, form- und klangbildend, Eigenleben entwickelnd, in Erscheinung treten. So wurde auch die Unterweisung in den Instrumenten des Schlagwerkorchesters für die Studierenden der Günther-Schule unerläßlich. Der Umgang mit dem erweiterten Schlagwerkensemble ging aus den rhythmischen Übungen (Klanggesten, Rasseln und Trommeln) hervor.

Im Herbst 1926 bekam Carl Orff von Freunden eine Marimba geschenkt, ein großes afrikanisches Xylophon. Er war vom Klang dieses

Gunild Keetman, Mitautorin des Schulwerks ‹Musik für Kinder›

Instruments, dessen Ahnen im indonesischen Archipel beheimatet waren, entzückt. Er phantasierte und improvisierte, wie er erzählt, stundenlang auf dieser Marimba und glaubte, das Instrument gefunden zu haben, mit dem er *die teilweise noch fehlenden Klangböden und -flächen, sowie Melodien und Ostinati jeder Art bilden und bauen konnte.* Ihm erschienen die früheren Schlagwerkversuche *rückschauend größtenteils wie ausgesparte, skelettierte Skizzen, die nun erst sinnvoll ausgeführt werden konnten*[89].

Doch die afrikanische Stimmung der Marimba, die sich von der temperierten Stimmung mitteleuropäischer Instrumente wesentlich unterscheidet, erlaubte nur ein Zusammenspiel mit Rasseln, Schellen, Kastagnetten und ähnlichen Instrumenten. Sie inspirierte Maja Lex zu dem berühmten «Stäbetanz», ließ sich jedoch nicht mit Instrumenten verbinden, die der Stimmung des europäischen Tonsystems angepaßt waren.

Kurze Zeit später traf jedoch überraschend ein Xylophon ein, das eine ehemalige Schülerin in Hamburg von einem aus Kamerun zurückgekehrten Matrosen erworben hatte. Es war, wie Orff erläutert, *allerdings eine unübertrefflich einfache Angelegenheit: Eine kleine, rechteckige*

Holzkiste mit deutscher Aufschrift «1000 Bretterstifte», wie man sie an jedem Bauplatz herumliegen sieht. Auf der offenen Seite waren statt des Deckels mit Schnüren zwölf abgestimmte Klangstäbe aus Palisander befestigt. Dazu gehörte ein ganz primitiver Schlägel mit stoffumwundenem Kopf. Der Klang dieses Instrumentes aber war verblüffend gut und das unüberbietbar einfache Modell damit gefunden.[90]

Carl Orff brachte das Instrument seinem Freund Karl Maendler, in dessen *einzigartiger altmeisterlicher Instrumentenwerkstatt* er *cembalospielend und alle möglichen Versuche anstellend, lange Abende und Nächte verbrachte*[91]. Maendler baute nach diesem einfachen Vorbild ein Xylophon, brachte es eines Abends in die Günther-Schule und war über die Begeisterung der Schüler so erfreut, daß er spontan *versprach, zu seinem ersten, einem Altxylophon, wie er es nannte, ein weiteres zu bauen, ein eine Oktave höher stehendes Sopranxylophon.*

Neben die Stabspiele (experimentierfreudig hatte Maendler auch noch Glockenspiele und Metallophone angefertigt) trat nun die Blockflöte als Melodieinstrument; Pauken, Fideln, Cello und Gamben wurden dem Orff-Instrumentarium beigefügt; Gitarren und Lauten vertraten die Zupfinstrumente.

Nach Orffs Beschreibung hatte die Zeit des Experimentierens um 1930 einen gewissen Abschluß gefunden.[93]

Bei dem Musikfest des «Allgemeinen Deutschen Musikvereins» im Sommer 1930 in Königsberg lernte Orff Willy Strecker, den Inhaber des Schott-Verlages in Mainz, kennen. Er trug Strecker die damals ganz revolutionären Pläne für seine Musikerziehung vor, die *Orff-Schulwerk, Elementare Musikübung* heißen sollte. Zunächst empfand es Strecker als Zumutung, eine Musik zu drucken, für die es nur einige wenige Instrumente gab und ebenso wenige Lehrer, die diese Musik vermitteln konnten. Doch er schlug ein («die ganze Idee ist so verrückt, daß ich einige Hefte riskieren will!»[94]), und Orff begann *in fieberhafter Tätigkeit all das, was* er *aus dem Stegreif dargelegt hatte, auszuarbeiten*[95]. Ab 1930 erschienen die ersten Ausgaben der *Elementaren Musikübung*, an denen außer Gunild Keetman Hans Bergese und Wilhelm Twittenhoff mitwirkten. Ein Vorfeld war durchschritten, Ergebnisse der musikalischen Werkstatt waren fixiert und einzusehen. Mit dem Erscheinen dieser Publikationen begann ein neues Kapitel in der Geschichte des *Schulwerkes*. Orff wußte, *daß die damit verbundene Festlegung dem Charakter der Improvisation nicht entsprach, aber doch unumgänglich war für die Entwicklung und Verbreitung dieser Arbeit*[96].

Die 1931 publizierte *Rhythmisch-melodische Übung* wurde, modifiziert, zum Kernstück des ersten Bandes *Orff Schulwerk. Musik für Kinder* (1950).

Höhepunkt dieser Jahre waren die Vorführungen der Tanzgruppe und des Tanzorchesters der Günther-Schule im In- und Ausland und die musikalische Gestaltung eines Teils des von Carl Diem, dem Generalsekretär und Organisator der Olympischen Spiele 1936, verfaßten Festspiels «Olympische Jugend». Dorothee Günther war die Choreographie, Maja Lex die Tanzgestaltung übertragen; Gunild Keetman, an der Entstehung der Musik beteiligt, leitete Einstudierung und Aufführung und dirigierte das verstärkte Tanzorchester. Orff erinnert sich heute noch an die *nah am Mikrophon angeschlagene Glasglocke, die über das ganze nächtliche Stadion einen magisch entrückenden Klang verbreitete und das Festspiel mit dem «Einzug und Reigen der Kinder und Mädchen»*[97] eröffnete. Die handschriftliche Partitur der Musik *Olympischer Reigen* ging verloren. Eine Schallplatte vom *Einzug und Reigen der Kinder und Mädchen,* die Walter Panofsky nach dem Krieg in einem Antiquariat entdeckte, sollte später für das *Schulwerk* schicksalhaft werden.

Orff wurde immer häufiger zu Vorträgen gebeten, nachdem die ersten Schulwerkhefte erschienen waren. Bei einer Musikpädagogischen Studienwoche an der Württembergischen Hochschule für Musik im Juni 1932 in Stuttgart lernte er Eberhard Preussner kennen, damals Leiter der Musikabteilung am Zentralinstitut für Erziehung und Unterricht in Berlin. Preussner, *der Sichten und Einsichten aufriß*[98], über die Orff noch nie nachgedacht hatte, setzte sich für das *Schulwerk* ein und bahnte Orff einen direkten Weg zu Leo Kestenberg, dem Musikreferenten des Preußischen Kulturministeriums. Kestenberg, der an Fragen zur Reform der Musikerziehung sehr interessiert war, hatte selbst Richtlinien dafür herausgegeben.[99]

Ende 1932 wurde Orff nach Berlin eingeladen. Der Kontakt zu Leo Kestenberg war sofort hergestellt. Orff schreibt: *Anderes aber stand bevor. Einige Wochen nach unserer Aus- und Absprache wurde Kestenberg von den neuen Machthabern aller Ämter enthoben und mußte Deutschland verlassen. Sein Lebenswerk war zerstört, eine meiner größten Hoffnungen begraben.*[100] Orff berichtet, daß sein pädagogisches Wirken von nun an gewissen Kreisen suspekt war, verhehlt auch nicht die große seelische Belastung, die sich daraus für ihn und seine Mitarbeiter ergab. Tiefe Depressionen über die Zeitläufe ergriffen ihn und *eine böse Vorahnung des früher oder später Kommenden.*

Er gab seine Arbeit in der Öffentlichkeit langsam auf. Die Brecht-Lieder sowie die Werfel-Lieder und -Kantaten (1920–32), in denen Orff seine eigene musikalische Sprache gefunden hatte, mußten der verfemten Textdichter wegen zurückgezogen werden. Die bis 1934 erschienenen Schulwerkhefte wurden der Öffentlichkeit nicht vorenthalten, hie und da auch ohne grundsätzliche Stellungnahme rezensiert, doch selten empfohlen. Im August 1937 wird Orff zwar zugestanden, daß er «mit seiner ‹Musik aus Bewegung› die tänzerische Erziehung revolutioniert hat ... seine Methode aber aufgebaut [hat] mit Bausteinen, die er aus artfremden außereuropäischen primitiven Kulturschichten zusammengetragen hat»[101].»

Maja Lex beim Stäbetanz nach der Musik von Gunild Keetman

Ein Jahr zuvor hatte die Günther-Schule noch in ein ihren Zwecken gemäßes Gebäude umziehen können, in die Münchner Kaulbachstraße, gleich neben dem Englischen Garten. Orff hatte auch hier seine Tätigkeit sehr eingeschränkt. Er, der keinen Sinn für Politik bekundete,

Leo Kestenberg. Porträt von Oskar Kokoschka, 1926/27

wandte sich seinen *kompositorischen Plänen zu, die immer unterschwellig weitergelaufen waren*[102].

1944 wurde die Günther-Schule von den Nationalsozialisten beschlagnahmt. Dozenten und Schülerinnen wurden kriegsverpflichtet oder verließen die Stadt. *Als am 7. Januar 1945 das Schulhaus, durch Bomben zerstört, völlig ausbrannte, wurden zugleich das ganze Inventar, Archiv, Bibliothek, Fotothek, sämtliche Lehrmittel und Geräte, auch die meisten der zum Teil unersetzlichen Instrumente und der ganze Kostümfundus vernichtet. Das war das Ende der Günther-Schule, einer Schule, die heute schon Legende ist.*

Der Neubeginn des *Schulwerks* kam 1948, als viele Städte Deutschlands, auch München, zum großen Teil noch in Schutt und Asche lagen.

Orff arbeitete damals an der Partitur seiner *Antigonae* und tat nichts, um die Arbeit am *Schulwerk* wiederaufzunehmen. So kam die telefonische Anfrage von Walter Panofsky, dem bekannten Musikkritiker und Musikschriftsteller aus München, unerwartet. Panofsky hatte die erwähnte Schallplatte *Einzug und Reigen der Kinder und Mädchen* der Leiterin des Bayerischen Schulfunks, Annemarie Schambeck, vorgespielt. Diese hatte nie zuvor Musik aus dem *Schulwerk* gehört und war von ihr so angetan, daß sie Orff spontan fragte: «Können Sie uns in dieser Art eine Musik schreiben, die von den Kindern selbst musiziert werden kann?

Walter Panofsky, der das Orff Schulwerk nach dem Kriege wiederentdeckte

Oskar Schlemmer: «Stäbetanz», Bauhaus-Bühne 1927

Wir glauben, daß eine solche Musik Kinder ganz besonders anspricht und denken an einige fortlaufende Sendungen.»[103] Nach Panofskys Mitteilung zögerte Orff zunächst, als er hörte, daß sich die Schulfunksendungen auch an Kinder wenden sollten. An der Günther-Schule hatten Gunild Keetman und Carl Orff vor allem mit Erwachsenen gearbeitet und geübt und das innerhalb einer Berufsausbildung, die andere künstlerische und pädagogische Ziele hatte. Der Gedanke, seine musikpädagogischen Vorstellungen endlich ungehindert realisieren zu können, so wie er es *einst mit Kestenberg erträumt hatte,* faszinierte Orff jedoch zusehends. So nahm er schließlich den Auftrag des Bayerischen Rundfunks an.

Über die erste Zeit des *Orff Schulwerk. Musik für Kinder* schrieb Walter Panofsky: «Am 15. September 1948 ging die erste Schulwerksendung für Kinder über den Münchner Sender. Niemand hatte eine rechte Vorstellung von dem Echo, das sie finden würde. Schon technisch waren die Voraussetzungen zu jener Zeit keineswegs günstig. Nur wenige Schulen in Bayern waren in der Lage, Schulfunksendungen mitzuhören. Man sendete also in einen weiten, echoarmen Raum hinaus. Heute, aus der Distanz gesehen, erscheint jene erste Sendung als eine außerordentliche Pioniertat, als ein Vorstoß in pädagogisches Neuland.»[104]

Die Sendungen, die unter Carl Orffs und Gunild Keetmans Leitung entstanden, verzichteten auf lange theoretische Unterweisungen. Es wurde Musik gemacht. Die ganze Fülle des alten Kinderliedgutes und des Kinderreims (*von Ansätzen abgesehen, hatten wir in der Günther-schule das Wort, die Singstimme nicht voll zu ihrem Recht kommen lassen*[105]) war der Ansatzpunkt. Das Echo war von Anfang an außerordentlich groß. Man verstand, daß es sich um eine Musik *ausschließlich für Kinder handelte, die von Kindern gespielt, gesungen, getanzt, aber auch in ähnlicher Art von ihnen selbst erfunden werden konnte – eine eigene Welt*[106], gleichsam eine elementare Musiklehre für Kinder.

Bald mehrten sich die Anfragen, wo man das Instrumentarium bekommen könne. *Hier sprang nun ein junger Instrumentenbauer, der noch beim alten Maendler gelernt hatte, Klaus Becker-Ehmck, in die Bresche*, berichtet Orff, *und baute mit dem Material, das zu haben war, so gut es eben ging, die ersten Stabspiele für das neue Schulwerk.*[107]

1949, ein Jahr später, gründete Klaus Becker-Ehmck in Gräfelfing, einem Vorort Münchens, eine eigene Werkstatt, das «Studio 49», in dem er nicht nur die Maendlerschen Vorbilder verbesserte, sondern auch

Stäbetanz, wie er heute im Orff-Institut getanzt wird

Klaus Becker-Ehmck, Gründer des Studio 49, München-Gräfelfing

neue Instrumente entwarf, die Orff zur Realisation seiner kompositorischen Vorstellungen brauchte. Orffs Nachruf auf den allzu früh Verstorbenen weist auf seine Schlüsselstellung in der Geschichte des *Orff Schulwerks: Ohne Klaus Becker-Ehmck wären der Neuanfang des Schulwerks und die Verbreitung des Instrumentariums über die ganze Welt nicht möglich gewesen.*[108]

Im Herbst 1949 begannen an der Salzburger Akademie «Mozarteum» ständige Schulwerkkurse für acht- bis zehnjährige Kinder. Gunild Keetman, von Eberhard Preussner [109] als Lehrkraft verpflichtet, *konnte nun auch mit der Bewegungsarbeit beginnen, was am Funk nicht durchführ-*

Eberhard Preussner, 1956

bar gewesen war. Nun war zum erstenmal die Möglichkeit gegeben, das Schulwerk in vollem Umfang so zu unterrichten, wie wir es vorstellten[110], inbegriffen die Aufgabe, die an der Günther-Schule erprobte Tanzausbildung in eine elementare Bewegungserziehung von Kindern umzuwandeln.

Am Bayerischen Rundfunk waren indessen die Schulfunksendungen weitergegangen. Aus ihnen entsprangen die ersten der auf fünf Bände geplanten Ausgabe *Orff Schulwerk. Musik für Kinder*. Sie sind bis heute der Kanon, die unveränderte Richtschnur, durch zahlreiche Zusatzveröffentlichungen interpretiert und bereichert. «*Musik für Kinder*»

Carl Orff, 1936

ist aus der Arbeit mit Kindern entstanden, schreibt Carl Orff im Vorwort des ersten Bandes.[111] *Gültiger Ausgangspunkt für diese Arbeit ist das alte Kinderliedgut. Diesem sind sämtliche hier verwendeten Texte entnommen ... Die Melodik ist in einem Fünftonraum gebunden, der dem kindlichen*

Wesen besonders entgegenkommt. In diesem, ihm mental entsprechenden Bezirk, kann das Kind am leichtesten zu eigener Ausdrucksmöglichkeit gelangen, ohne der Gefahr einer Anlehnung an die überstarken Vorbilder anderer Musik ausgesetzt zu sein. Die Melodik entwickelt sich vom Zweitonruf über die Dreiton-Leiermelodik weiter. Das Schwebende dieser Melodik findet seine gültige Begleitung in Ostinato- und Bordunformen, die im Gegensatz zu aller kadenzierenden Begleitung der reinen Durmelodik stehen. Zwanglos ergibt sich hieraus später eine einfache Mehrstimmigkeit. Der Grundstock des Instrumentariums, *der das Eindringen in diese frühe Klangwelt erleichtert,* besteht aus *Stabspielen* (Xylophone und Glockenspiele) und *Kleinem Schlagwerk,* später auch Metallophonen.

Reime und Spiellieder eröffnen den ersten Teil des ersten Bandes der *Musik für Kinder.* Die rhythmisch-melodische Übung steht in der Mitte und im Mittelpunkt, Spielstücke bilden den Abschluß. Drei Teile, in sich geschlossen, ergänzen sich. Körpergesten werden, zu Variationen anregend, von Reimen und Spielliedern vorgeschlagen. In der Folge treten Instrumente hinzu. Die Bildfülle der Reime und Spiellieder fordert zu einer Bewegungsgestaltung auf, die von der Tanz- und Bewegungssprache der Kinder aller Welt gefunden werden soll. Der zweite Teil des ersten Bandes befaßt sich mit der Sprechübung, die *am Beginn aller musikalischen Übung, der rhythmischen wie der melodischen steht. Einzelworte, Wortreihen, nach Klang und Sinn zusammengestellt, Rufe, Sprüche werden ... rhythmisch fixiert und in Notenschrift festgehalten.* Die Spielstücke des dritten Teils sind für das erste Zusammenspiel gedacht, verlangen aber auch klangliche Ausarbeitung.

Unmittelbar an den ersten Band schließt sich der zweite Band *Bordun, Stufen* an. Er enthält Lieder und Spielstücke mit sechs und sieben Tönen, die Verwendung der ersten und zweiten Stufe der Tonleiter (gleichsam ein Schritt ins Gebiet des Harmonischen) und der ersten und sechsten Stufe. Im dritten Band *tritt das Spiel mit den Dominanten in bewußtem Gegensatz zum Spiel mit dem Bordun, ohne diesen gänzlich auszuschließen.*

Eine neue Klangwelt tritt uns im vierten Band entgegen: *Moll. Die Ausweitung im Landschaftlichen und Seelischen dokumentiert sich schon in der Auswahl der Texte. Das Frühkindliche wird fast vollständig verlassen.*

Der fünfte Band bringt die Dominanten in Moll: *Damit sind die elementar-harmonischen Grundlagen des Siebentonraums erarbeitet.*

Von der einfachsten Übung im Fünftonraum, vom Kinderreim und Märchen bis zur Sprache Goethes und Hölderlins enthalten die fünf Bände *Orff Schulwerk. Musik für Kinder* Stücke, die keine Kompositionen im herkömmlichen Sinne sind, also nicht nur notengetreu wiedergegeben werden sollen, sondern auch anregen wollen zum Verändern, zum phantasievollen Ausschmücken, zu anderer Reihung und neu erfundener Instrumentation, kurz gesagt: zum Mitmachen.

Zur Feier von Carl Orffs 66. Geburtstag wurden an der Akademie für Musik und Darstellende Kunst «Mozarteum» in Salzburg die Zentralstelle und das Seminar des Orff-Schulwerks eröffnet. Im Herbst desselben Jahres (1961) begann unter der Leitung von Carl Orff und Gunild Keetman die reguläre Seminarausbildung, zunächst in Nebenräumen des «Mozarteum», zwei Jahre darauf im neu erbauten Orff-Institut.[112] Hier werden Lehrer für Elementare Musik- und Tanzerziehung ausgebildet, Fortbildungsmöglichkeiten angeboten und Kinder aus Salzburg und Umgebung in Kinderklassen unterrichtet. Zahlreiche Sommerkurse in englischer und deutscher Sprache machten Studenten, Lehrer, Musiklehrer, Therapeuten, Tanzpädagogen und Interessierte aus aller Welt mit dem *Schulwerk. Musik für Kinder* bekannt.

Das Institut, das seit mehr als einem Jahrzehnt von Hermann Regner geleitet wurde, sein Nachfolger ist seit 1982 Rudolf Nykrin – Barbara Haselbach, Schülerin von Harald Kreutzberg und Gunild Keetman, steht der Abteilung Tanzerziehung vor –, pflegt intensiv die immer zahlreicher gewordenen Auslandskontakte: Sowohl durch die Lehrtätigkeit der Mitarbeiter des Orff-Instituts (oft als Teil des Kulturprogramms des Goethe-Instituts in München) als auch durch die Studenten aus vielen Ländern wurde die Schulwerkidee weltweit bekannt. Die Verbreitung

Ostinato auf dem Xylophon

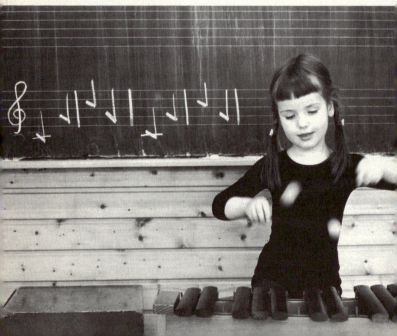

Bewegungsübung, auf der Holzblocktrommel begleitet

dieser Idee zog fremdsprachige Ausgaben und Adaptionen nach sich. Anläßlich einer Informationstagung erläuterte Hermann Regner: «Bei einer Ausstrahlung in fremde Kulturbereiche kann es nie auf eine Übertragung von Materialien ankommen ... Wir achten darauf, daß die Elementare Musik- und Bewegungserziehung auf keinen Fall europozentrische Tendenzen verstärkt, sondern daß gerade durch den Verweis auf die eigenen Quellen eine Besinnung auf das Eigene, das Wesentliche, gefördert wird. Das Orff-Schulwerk hat an einigen Stellen dazu beigetragen, daß Länder zur eigenen Kulturidentität zurückfinden.»[113]

Carl Orff · Gunild Keetman

MUSIK FÜR KINDER

I

Im Fünftonraum

Edition Schott 3567

B. SCHOTT'S SÖHNE / MAINZ
Printed in Germany

Faksimile der ersten Seite «Orff Schulwerk. Musik für Kinder»

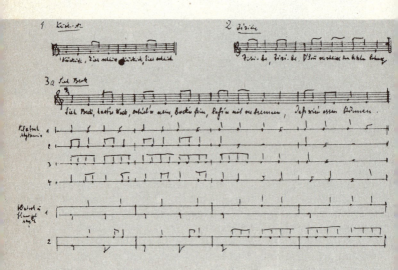

Studienangebot, Inhalt und Ziele des Orff-Instituts werden heute anders formuliert als vor fünfzehn Jahren. Es galt, sich zeitlichen Gegebenheiten und Notwendigkeiten anzupassen. Innere Veränderungen im Studienplan werden jedoch behutsam vorgenommen.

1973 wurde dem Orff-Institut ein «Institut für musikalische Sozial- und Heilpädagogik» angeschlossen. Die Tätigkeit dieses Instituts, von Wilhelm Keller geleitet, der seit 1962 dem Lehrkörper angehörte und sich auf dem Gebiet der Erziehung behinderter Kinder große Verdienste erwarb, konzentriert sich auf die «heilpädagogische Musikarbeit, ihre empirische Fundierung und Kontrolle [114].»

Weit über diese Worte hinaus, die einige Wegmarken des Schulwerks nachzuzeichnen versuchen, steht Carl Orffs Arbeitskraft, seine Zielstrebigkeit, die ständige Bemühung, nicht zuletzt auch der Enthusiasmus und die Mithilfe seiner Freunde und Mitarbeiter.

Heute, am Beginn der achtziger Jahre, bedeutet das *Schulwerk. Musik für Kinder* vor allem Vorschulerziehung, Musik- und Tanzunterricht in den ersten Schuljahren und Musikalische Sozial- und Heilpädagogik, ist aber zugleich auch Impuls und Korrektiv in der gesamten Musikerziehung. Werner Thomas schreibt: «Genau besehen hat Orff nichts Neues

*Carl Orff mit seiner Frau Liselotte und Gunild Keetman (links)
1962 bei einem Besuch in Japan*

Am Orff-Institut: «Improvisation im Fenster», Bewegungsstudie

erfunden; er hat das Verschüttete und Vergessene im Wissen um seine Kraft aufgehoben und in neuer Konfiguration wieder praktikabel und wirksam gemacht. Er war, wie er selbst meint, nie im vordergründigen Sinn ‹modern›; deshalb konnte er auch nicht unmodern werden. Orff-Schulwerk – eine Retrospektive? Ich meine eher, eine Perspektive, deren Fluchtlinien in die Vergangenheit wie in die Zukunft laufen. Sie können dazu beitragen, die Gegenwart ‹richtig› zu sehen.»[115]

Trionfi – Trittico Teatrale

Carmina Burana, cantiones profanae

Die Werke, die Carl Orff 1953 als *Trionfi, Trittico Teatrale* zusammenge-
faßt hat, gehören verschiedenen Epochen seines Schaffens an. Zuerst erschienen zwei schmale Hefte der *Catulli Carmina* (1930/31), die, für
a-cappella-Chor gesetzt, Lieder um Lesbia und Reisegedichte enthielten.
1941, nach dem Erfolg der *Carmina Burana*, griff Orff wieder auf die
Lieder zurück und erweiterte sie zu einem szenischen Spiel, den *Catulli
carmina, ludi scaenici*. Im *Trionfo di Afrodite*, 1953 zum erstenmal aufgeführt, vertonte der Komponist Hochzeitslieder Catulls sowie griechische
Verse von Sappho und Euripides.

In seiner Dokumentation preist Orff Fortuna, die Göttin der Welt: *Sie
hatte es gut mit mir gemeint, als sie mir einen Würzburger Antiquariatska-
talog in die Hände spielte, in dem ich einen Titel fand, der mich mit magi-
scher Gewalt anzog:*

Carmina Burana

Lateinische und deutsche Lieder
und Gedichte aus einer Handschrift
des XIII. Jahrhunderts aus Benediktbeuern, hrsg. v. J. A. Schmeller

*... An dem für mich denkwürdigen Gründonnerstag 1934 erhielt ich
das Buch. Beim Aufschlagen fand ich gleich auf der ersten Seite die längst
berühmt gewordene Abbildung der Fortuna mit dem Rad. Darunter die
Zeilen*

O Fortuna
velut luna
statu variabilis.

Bild und Wort überfielen mich.[116]

Noch am gleichen Tag entwarf Orff eine Particell-Skizze vom ersten Chor *O Fortuna*, auch der zweite Chor *Fortune plango vulnera* entstand; am Ostermorgen war *Ecce gratum* zu Papier gebracht, doch mittlerweile hatte sich der Komponist fast in der umfangreichen Gedichtsammlung verloren.[117]

Die Handschrift, die Johann Andreas Schmeller nach ihrem Fundort, dem Kloster Benediktbeuern, «Carmina Burana» nannte, war im Zuge der Säkularisation, die 1803 die Aufhebung der landständigen Klöster Altbayerns bewirkte und damit den Schlußstrich unter eine althergebrachte Gesellschaftsordnung setzte, in die Bayerische Staatsbibliothek gelangt. Um 1300 geschrieben, enthält der illustrierte Codex weltliche Gesänge in mittelalterlichem Latein mit altfranzösischen und mittel-

Das Rad der Fortuna. Aus der Handschrift Carmina Burana

Der Beginn des Chores «O Fortuna» aus Orffs «Carmina Burana»

hochdeutschen Einsprengseln. Moralisch-satirischen Dichtungen folgen handfeste Liebeslieder, Trink- und Spiellieder sowie geistliche Schauspiele. Einige dieser Gedichte sind mit Neumen, der linienlosen mittelalterlichen Notenschrift versehen. Orff wollte aber keine Studien über deren mögliche Erschließung betreiben. *Was ihn bewegte, war ausschließlich der mitreißende Rhythmus, die Bildhaftigkeit dieser Dichtungen und nicht zuletzt die vokalreiche Musikalität und einzigartige Knappheit der lateinischen Sprache*[118].

In diese Zeit nun fällt Carl Orffs Freundschaft mit Michel Hofmann, dem jungen, musikbegeisterten Bamberger Staatsarchivrat und leidenschaftlichen Lateiner. Orff und Hofmann arbeiteten zusammen. *Es be-*

gann ein Suchen und Sichten, ein Finden und Verwerfen, bis sich einzelne Teile aus der Fülle immer mehr abzeichneten.[119]

Kurz vor der ersten Aufführung der *Carmina Burana* schrieb Michel Hofmann an Verwandte: «Am Freitag kam Carl Orff, abends war er bei uns zu Gast ... Am Samstagnachmittag und den ganzen Sonntag vom frühen Morgen an haben wir gearbeitet ohne aufzuschauen. Am 9. Juni ist die szenische Uraufführung der *Carmina Burana* im Frankfurter Opernhaus, das heißt, der Text muß durchgesehen werden, die Übersetzung mußte fertig werden, eine Einführung für das Programm mußte geschrieben werden, eine Aussprachanweisung für das Spätlatein, für das Mittelhochdeutsch und für das Altfranzösisch mußte ausgearbeitet werden. Der Stil der Aufführung und das Maß ihrer szenischen Ausstattung

Orffs Fassung von Monteverdis Klage der Ariadne

Carl Orff, 1943

mußte besprochen werden ... Heute habe ich eben einen Brief vom Verlag (Schott in Mainz) bekommen, daß alles ganz nach Wunsch ausgefallen ist und daß man sich dort sehr über die Sache gefreut hat.»[120]

Orff hatte die Lieder der Handschrift in drei Teile geordnet: *I. Primo vere. Uf dem Anger. II. In Taberna. III. Cour d'amours mit Blanziflor und Helena.*[121] Am Anfang und zum Schluß des Werkes wird der Göttin Fortuna gehuldigt in dem mächtigen, mitreißenden Schicksalschor, den Orff 40 Jahre nach der ersten Aufführung mit *einer Initiale* vergleicht, *die längst in ihrem Lapidarstil ein «geflügeltes Wort» geworden ist. Sie ist zu-*

gleich ein verschlüsseltes Zitat, das auf die ersten zwei Takte meiner Fassung von Monteverdis «Klage der Ariadne» zurückgeht.[122]

Der Frühlingsszene *Primo vere,* in der Topoi der Vagantendichtung wie Begierde und Schwelgerei aufgenommen sind, folgt der Dorfplatz, *Uf dem Anger,* eine Szene voll Spielfreude und Lebenslust, besonders im einleitenden Taktwechseltanz, dem zwiefachen *Floret silva*[123] (Es grünt der Wald) und in den darauffolgenden vier mittelhochdeutschen Dichtungen. Auswahl und Bündelung der in der Handschrift oft beziehungslos nebeneinander stehenden Gedichte spiegeln sich sinnfällig im Mittelteil der *Carmina Burana,* der Schenkenszene, vor allem in der *Vagantenbeichte* des namenlosen Archipoeta[124], die schon im Mittelalter außerordentlich beliebt war. Der Dichter, Schützling von Reinald von Dassel, dem Kanzler des Kaisers Barbarossa und Erzbischof von Köln, bekennt sich darin zur pravitas, der «verkehrten Welt»:

Via lata gradior

Die breite Straße fahr ich nach der Art der Jugend
Geselle mich zum Laster, frage nichts nach Tugend.
Nach Sinnenlust dürstend mehr als nach dem Heil,
Will ich, an der Seele tot, gütlich tun dem Leib:

Geistvolle Hyperbel, scherzhafte Übertreibung und Selbstironie waren dem Dichter gefügig. Auch Orff kennt und handhabt diese Kunstgriffe, spielt mit der Maske. Daß der Dichter dem Laster am Ende der Beichte abschwört und sich zur Tugend bekehren möchte, lassen wir gerne als Schlußtopos gelten, denn die Schenkenszene nähert sich ihrem Höhepunkt. Dem Solo des gebratenen Schwans *Olim lacus colueram* (Einst schwamm ich auf den Seen umher ... Jetzt liege ich auf der Schüssel und kann nicht mehr fliegen, sehe bleckende Zähne um mich her), *lamentoso, sempre ironico* vorzutragen, folgt unvermittelt der Abt von Cucanien, der es am ärgsten treibt. Er psalmodiert zunächst *libero ed improvisando, gesticolando e beffardo assai*[125], setzt sich dann aber mit seinen Mönchen zu Tisch, um zu würfeln und zu trinken: *In taberna quando sumus* (Wenn wir sitzen in der Schenke fragen wir nicht nach dem Grabe). Dieses drastische ekstatische Finale, in dem, wie sollte es anders sein, nur Männerstimmen singen, mündet in den dritten Teil der *Carmina,* in den preziösen, lieblichen und koketten *Cour d'amours.* Chiffren für das Verständnis und die Interpretation sind auch hier zahlreiche Tempo- und Vortragsbezeichnungen. Das Schlußbild des Werkes ist ein Hymnus auf die Venus generosa. Blanziflor, eine Gestalt der französischen Rittersage, und Helena intonieren ihn in überschwenglichem Liebesglück.

Das Werk ist für drei Solisten – einen hohen lyrischen Sopran, dem die allersüßeste Liebeslyrik zufällt, einen Tenor und einen Bariton – so-

Würfelnde Mönche: aus der Handschrift «Carmina Burana»

wie für zwei Chöre, einen großen und einen kleinen gemischten Chor, einen Tanzchor von tragender Bedeutung und für Orchester mit zwei Klavieren und Schlagzeug geschrieben.

Die Uraufführung fand am 8. Juni 1937 in Frankfurt am Main statt. Oskar Wälterlin hatte die Regie übernommen, Ludwig Sievert das Bühnenbild entworfen, Bertil Wetzelsberger dirigierte. Es war die letzte Veranstaltung des von Franz Liszt 1861 in Weimar gegründeten «Allgemeinen Deutschen Musikvereins».[126] Die Auflösung des hochangesehenen Musikvereins war eine längst beschlossene Sache gewesen; sie war aber, wie Peter Raabe, der damalige Vorsitzende, am 19. Juli 1937 in München mitteilte, «durchaus nicht etwa von Reichsminister Dr. Goebbels ‹befohlen› worden, vielmehr das Ergebnis einer (nicht datierten) langen Unterredung mit dem Minister», in der dieser den Vorschlag machte, «den Verein in die Reichsmusikkammer überzuleiten», eine dem Ungeist der damaligen Zeit entsprungene, vieldeutige Formulierung. Peter Raabe wurde in demselben Jahr zum Präsidenten der Reichsmusikkammer ernannt. Er übte das Amt bis zu seinem Tode (1945) aus und galt als Musikpolitiker, der es verstand, sich von der herrschenden politischen Richtung unabhängig zu halten.[127]

Carl Orff hatte den *Carmina Burana* den Untertitel *Weltliche Gesänge für Soli und Chor mit Begleitung von Instrumenten und mit magischen Bildern* gegeben, ein Untertitel, der eher verhüllend als klärend wirkt. Werner Thomas, der Orffs Werke seit Jahrzehnten kommentiert, deutet die Szene der *Carmina Burana:* «Was soll man sich unter magischen Bildern denken? Der Wortklang ‹imago magica› ruft zunächst Erinnerung herauf an die ‹Laterna magica› unserer Kinderjahre, wo – vor der Zeit der Massenbild-Kommunikationsgeräte – die schweifende Phantasie in der Buntheit des diaphanen Glasbildes ein Stück zauberhafte Welt entdeckte, deren Verhältnis zur Realität wunderbar in der Schwebe blieb. Hat Orff an derartige Projektionen gedacht?»[128] Er hat daran gedacht. Das «Offen-Sein», das «In-der-Schwebe-Lassen» ist eine Eigentümlichkeit Orffs, zumindest in jenen Jahren zwischen dem *Schulwerk* und den *Carmina Burana*. Seine Werke lassen eine vielfältige Interpretation zu.

Die *Carmina Burana* sind neben dem *Schulwerk* zum Inbegriff Orffscher Musik geworden. *Die Wurzeln und Quellen der Musik zu den Carmina reichen weit zurück, bis zu den Anfängen des Schulwerks und der damit verbundenen Entwicklung eines elementaren Musikstils. Die vielen Aufzeichnungen,* schreibt Orff, *die sich damals aus meiner Arbeit mit dem Schulwerk ergaben, bezeichnete ich wiederholt als meinen Steinbruch, dem ich jahrelang für meine späteren Werke Bausteine entnehmen konnte, so auch für die Carmina Burana.*[129] Den unverwechselbaren Stil der *Carmina Burana* charakterisiert Orff als einen *auf Bordun und Ostinato aufbauenden Stil.* Zum Aufbau äußert er: *Ein besonderes Stilmerkmal der Carmina Burana-Musik ist ihre statische Architektonik. In ihrem strophi-*

Tafelnde Mönche aus der Handschrift «Carmina Burana»

Carl Orff
Carmina Burana

Cantiones profanae cantoribus et choris cantandae
comitantibus instrumentis atque
imaginibus magicis

Lieder aus der benediktbeurer Handschrift

Weltliche Gesänge für Soli und Chor
mit Begleitung von Instrumenten
und mit Bildern

URAUFFÜHRUNG

Opernhaus Frankfurt am Main 8. Juni

I. Wiederholung: 12. Juni

Musikal. Leitung: Bertil Wetzelsberger
Regie: Dr. O. Wälterlin   Bühnenbild: Ludwig Sievert

schen Aufbau kennt sie keine Entwicklung. Eine einmal gefundene musi-kalische Formulierung – die Instrumentation war von Anfang immer mit eingeschlossen – bleibt in allen ihren Wiederholungen gleich. Auf der Knappheit der Aussage beruht ihre Wiederholbarkeit und Wirkung.[130] Die Strophenform, ein eng mit Gesang und Tanz zusammenhängendes Form-element, nimmt also die bildträchtigen Vorlagen der *Cantiones profanae* auf, die keinen Helden und keine Konflikte kennen. Orffs Ästhetik des Weglassens und Verzichtens vermeidet Tautologien. Was Wort, Musik und Gestik – bereits «synchron» – sagen, wird nicht zusätzlich in eine psychologische Variante umgesetzt.

Für Orff bedeuteten die *Carmina Burana* einen Wendepunkt. Alle Ju-gendarbeiten, ausgenommen die Neufassung der *Lamenti* von Claudio Monteverdi, verwarf er. Die *Carmina Burana* erkannte er als erste ver-bindliche künstlerische Aussage an und gleichzeitig auch als Fundament seiner späteren Werke. Es ist verständlich, daß man nach musikalischen Vorbildern dieses elitären Werkes eines bis dahin ziemlich unbekannten, schon einundvierzigjährigen Meisters suchte. In der Diskussion um das entromantisierte Musiktheater wird in diesem Zusammenhang immer wieder auf Igor Strawinskys «Les Noces», eine Kantate über eine russi-sche Bauernhochzeit, hingewiesen, die zwischen 1914 und 1923 entstan-den war. In diesem Werk stellt Strawinsky den vokalen Partien ein Instru-mentarium gegenüber, das nur durch den Schlag entsteht. Das stilbil-dende Element, das dadurch in Erscheinung trat, die Emanzipation des Schlagwerks und damit des Rhythmus, war damals das Kennzeichen eines neuen Zeitgeistes, der viele Komponisten anregte.

Auch Orff behandelt das ganze Orchester in den *Carmina Burana* als einziges, vielseitiges Schlagzeug, das flächig in parallel verlaufenden Stimmen geführt wird. Orff fühlt sich den «Fünf des Mächtigen Häuf-leins» und nicht Strawinsky verbunden. Er schätzt besonders Modest Mussorgsky[130], dem er Einfluß auf sein Werk zugesteht. Erinnert er sich dabei der Klangfolge des dritten Liedes aus dessen Zyklus «Ohne Son-ne», die Debussy in seinen «Nocturnes» zitiert (dem Stück, das Orff durch Jahre hindurch faszinierte) oder der kurzen Motive, die Mussorg-sky öfters verwendete und deren Wiederholungen so viel hypnotische Kraft ausstrahlen?

Catulli Carmina, ludi scaenici

Den Sommer des Jahres 1930 verbrachte Orff am Gardasee. Auf Sirmio, dem «Locus amoenus», auf dem nach der Überlieferung der Vater Ca-tulls ein Landhaus besessen hat, wurde Orff vom *Catullfieber gepackt, das* ihn *nicht mehr los ließ.* Catulls berühmtes Distichon

> Odi et amo, quare id faciam, fortasse requiris.
> Nescio, sed fieri sentio et excrucior.

sprang ihn an *wie vorgeformte Musik*[131]. Die Dynamik des Zweizeilers, sein Reichtum an Verben, *diese Zeilen, kurz und wie gemeißelt*, faszinierten ihn.

Der erste Zyklus, der aus sieben a-cappella-Chorsätzen bestand, wurde in kürzester Zeit niedergeschrieben. Ein zweiter Zyklus, der drei Reisegedichte Catulls enthält, folgte. Es kam zu einigen *unbedeutenden Aufführungen*, die Orffs *Intentionen keineswegs entsprachen*, wie er selbst einräumt. *Das Entscheidende aber war, daß in den Chören um Lesbia ein anderes ... wichtiges Werk in nuce schon enthalten war: «Catulli Carmina, ludi scaenici.»*[132]

Die Gedichte Catulls, des jung gestorbenen Zeitgenossen von Caesar und Cicero, waren bereits im Altertum vertont und gesungen worden. Im 16. Jahrhundert entstanden wieder Kompositionen für Verse Catulls und Horaz'; Horaz stand damals jedoch im Vordergrund, dessen dichterischer Ausdruck sich in der Ode, meist reimlosen Verse, manifestierte. Erst Orffs Enthusiasmus brach den Bann, der über den Catulliana und der Musik, der schwesterlichen Kunst, lag. Auch andere Komponisten unseres Jahrhunderts begannen, Verse des römischen Lyrikers zu vertonen, die meisten im Urtext, also in der Sprache, die man heute höchstens noch bei geistlicher Musik hört. Eine mehrmals in der Musikge-

Bühnenbildentwurf von Helmut Koniarsky zu «Catulli Carmina».
Württembergische Staatstheater Stuttgart, 1971

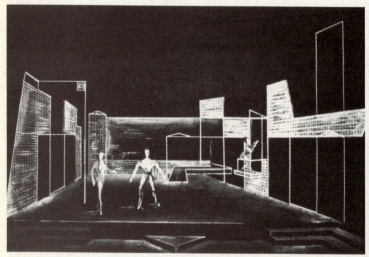

schichte wiederkehrende, meist in eine Symbiose einmündende Auseinandersetzung von nördlich der Alpen beheimateter Musik und der romanischen Sprache hatte eingesetzt.[133]

Die von Carl Orff 1941 wieder aufgenommenen *Catulli Carmina* der Jahre 1930 und 1931 berichten von der verhängnisvollen Liebe Catulls zu der schönen, jedoch ungetreuen Patrizierin Clodia, die er Lesbia nannte. In den lyrischen Versen, diesen Selbst- und Zwiegesprächen, erspürte Orff die Möglichkeit einer szenischen Gestaltung. So wurden die Chöre der *Catulli Carmina* von 1930 und 1931 neu gesetzt, erweitert und dramatisiert, auch fügte Orff für die Rollen von Catull und Lesbia Solostimmen hinzu. Über seine Arbeit an den *Catulli Carmina* berichtet Orff: *Der Madrigalkomödie entsprechend sollten die Catulli Carmina von Tänzern dargestellt und von einem a-cappella-Chor im Orchester gesungen werden. Aber erst nachdem ich eine Rahmenhandlung dazugeschrieben hatte, bekam die Komödie das rechte Profil. Kontrastierend zum a-cappella-Stil der Catulli Carmina verwendete ich beim Chor des Rahmenspiels zum erstenmal bei einem meiner Bühnenwerke ein reines Schlagwerkorchester. Das Perkussionsinstrumentarium – auch die Klaviere mit ihren verschiedenen Anschlags- und Spieltechniken werden ihm hier zugerechnet – war besonders geeignet, den stile eccitato des hauptsächlich aus Exclamationen bestehenden Textes zu steigern und ein entsprechendes Klangfundament zu geben.*[134]

Orff spricht hier ausdrücklich von seiner Instrumentalwelt, in der er «seit den *Carmina Burana* oder besser seit den *Catulli Carmina* der vornehmliche deutsche Wortführer im dramatischen Raum werden sollte[135].»

Durch das Rahmenspiel, das Orff *im Gegensatz zu den klassischen Dichtungen Catulls im Plautinischen Latein verfaßte, wurden die Catulli Carmina zu einer szenischen Parabel von der Allgewalt des Eros*[136].

Titus Maccius Plautus (250–184 v. Chr.), der als Komödienschreiber brillierte, hatte einen sicheren Blick für Bühnenwirksamkeit und für sein römisches Publikum. Spielerisch lotete er neue Ausdrucksmöglichkeiten seiner Muttersprache aus. Die Klangphantasie, die sich in seinen Diminutivformen ausdrückt, wurde noch von Kaiser Hadrian in den Versen beschworen, die dieser in seiner Sterbestunde diktierte.[137] Sie berückten auch Orff. In der Praelusio und dem Exodium seiner *Catulli Carmina* verwendet er sie:

> O tua blandula
> blanda blandicula
> blanda blandicula
> tua labella.[138]

Im Mittelpunkt der Szene, die Orff als Schaubild der Partitur voranstellt, steht eine columna, eine Säule. Durch gleichförmige oder rhythmische Reihung von Säulen wird Ordnung in einen Bau gebracht. Eine Einzelsäule jedoch gemahnt den Betrachter an eine Geißelsäule, an eine Passion. Diese einzelne Säule ist auch hier auf der Bühne das Attribut des leidenden Catull. Auf drei Ebenen – Theater im Theater – spielt sich das Geschehen ab. Die Rahmenhandlung wird von der liebestrunkenen Jugend beherrscht, die «für das grämliche Gemeckere abgelebter Greise allzusammen nicht einen roten Heller gibt»[139]. Die neun Greise, auf dem Balkon von Lesbias Haus versammelt, sind ein engagiertes Publikum, sie kommentieren das Geschehen. Auf der Hauptbühne dagegen schildern und spielen Catull und Lesbia ihre ausweglose Liebe. Die Greise, die alles im voraus wußten, applaudieren. Doch die Jünglinge und Mädchen – sie hatten schon lange nicht mehr auf die Handlung geachtet – entbrennen von neuem in gegenseitiger Leidenschaft: Eis aiona! Accendite faces! Io! Ewig, Ewig! Entzündet die Fackeln! Io!

Anläßlich der Leipziger Uraufführung im Jahre 1943 schrieb Karl-Heinz Ruppel, ein profunder Kenner des Orffschen Werkes, in der «Kölnischen Zeitung»: «Wiederum ist man frappiert von der Kühnheit und Sicherheit neuartiger Kombinationen, begleiteter und unbegleiteter, chorischer und solistischer, streng gebundener und frei deklamierter Gesänge, von der faszinierenden Gewalt der rhythmischen Prägungen, von dem Klangphänomen eines aus vier Klavieren, vier Pauken und einigen zwanzig Schlaginstrumenten von bestimmter und unbestimmter Tonhöhe bestehenden Orchesters. Dieses Instrumentarium excitans tritt nur während des Rahmenspiels in Aktion, ein metallisch glänzendes Hämmern oder gläsernes Flirren und Funkeln zum chorischen Jubelschrei der Erosfeier, ein trockenes, knöchernes Pochen und Klappern zum bissigen Widerspruch der Greise, das nichts mehr mit illustrativer ‹Farbigkeit› zu tun hat, sondern der Nacktheit der Gefühle ein zauberisches transparentes Klanggewand überwirft und sie in die äußerste Hochspannung versetzt.»

Das Innendrama, durch Tänzer dargestellt, wird von der menschlichen Stimme begleitet: gesungene Tanzlieder also, die einer uralten Tradition des Mittelmeerraums folgen. Gesungen wird auch die Traumszene, in der Lesbia ins Italienische fällt: «Dormi ancora».[140] Das berühmte «Miser Catulle» entsteht über einem weiträumigen ostinaten Gerüst: *Unseliger Catullus, laß die Narrheiten!* oder, in Goethes Distichon ausgedrückt: «Eine Liebe hatt' ich, sie war mir lieber als alles. Aber ich hab' sie nicht mehr! Schweig' und ertrag den Verlust!»

Von Geld ist die Rede, von wem noch?

«Sie wissen, daß ich male...

... Aber Sie wissen nicht, daß meine Arbeiten von Sachverständigen sehr gelobt werden. Ich soll auch nächstes Jahr ausstellen. Und da denke ich, vielleicht könnten Sie bekannte Mäzene veranlassen, mir Bilder abzukaufen oder sich von mir malen zu lassen... Ich verlange für ein Porträt in Lebensgröße 2 bis 6 Sitzungen und 200 bis 400 Kronen. Das ist doch sehr billig, wenn man bedenkt, daß man für diese Bilder in 20 Jahren das 10-fache und in 40 Jahren das 100-fache bezahlen wird.» So schrieb der Mann, der ständig in finanzieller Not war, an seinen – Musikverleger. «Hauptberuflich» nämlich war er Komponist, aber mit den Noten kam er über lange Zeit noch weniger zu Banknoten als mit den Werken seiner übrigen Talente.

Das kam nicht zuletzt daher, daß er dem Geschmack des Publikums weder beim Malen noch beim Komponieren Konzessionen machte: «Darauf lasse ich mich nicht ein, daß der Ankauf eines Bildes davon abhängt, ob es dem Besteller gefällt. Der Besteller weiß, wer malt; er muß auch wissen, daß er nichts davon versteht.» Oder ein anderes Mal: «Ich freue mich, ein weiteres unspielbares Stück ins Repertoire gebracht zu haben. Ich will, daß dieses Konzert schwierig ist und der kleine Finger länger wird. Ich kann warten.» Zuhörer, so schrieb er, brauchte er nur aus akustischen Gründen, «weil's im leeren Saal nicht klingt».

Angefangen hatte er als Cellist in einem Amateurorchester, als Chormeister eines Metallarbeitersängerbundes in Wien, als Kapellmeister des Kabaretts «Überbrettl» in Berlin. Im Alter von 76 Jahren starb er im Exil, in Los Angeles. Von wem war die Rede?

(Alphabetische Lösung: 19-3-8-15-5-14-2-5-18-7)

Pfandbrief und Kommunalobligation

Meistgekaufte deutsche Wertpapiere - hoher Zinsertrag - schon ab 100 DM bei allen Banken und Sparkassen

Verbriefte Sicherheit

Trionfo di Afrodite, concerto scenico

Siegreichen römischen Feldherren wurde als höchste Ehrung vom Senat ein prunkvoller Festzug vom Marsfeld aus durch die Stadt zum Forum und zum Capitol gewährt. Der Feldherr, mit goldgesticktem Purpurgewand gekleidet, stand im Prunkwagen, das Adlerzepter in der Hand und Lorbeer auf dem Haupt, gleichsam die Verkörperung Jupiters, dem der Triumphzug eigentlich galt. Seinem Wagen folgte das lorbeergeschmückte Heer, das Ruhmeslieder oder auch ausgelassene Spottverse auf seinen Feldherrn sang.[141] Es war Dante, der im Sprach- und Geistgefüge der «Göttlichen Komödie» den antiken Triumphgedanken wiederaufnahm.

Die Italiener des Trecento liebten geistliche und weltliche Triumphzüge, Trionfi, die, wesentlich auf die geschmackvolle Pracht des Anblicks berechnet, mythologische und allegorische Elemente in einen Zusammenhang brachten, der sich leicht durchschauen ließ. Nichts lag also näher, als in prächtigen Bildern oder in kurzen Szenen Allegorien zur Schau zu stellen und sie mit Dichtung und Musik zu versehen. Man hatte sich damit in den Vorhof der späteren Oper begeben.

Trionfo di Afrodite, das jüngste Werk des *Trittico teatrale,* wurde 1950/51 geschrieben, also nach der *Antigonae,* dem sophokleischen Trauerspiel in der Umdichtung Friedrich Hölderlins. Orff fand es *schwer, Vorwurf und Text für ein Werk zu finden, das die beiden vorhergehenden ergänzen und überhöhen sollte*[142]. Eros' Jubelruf, mit dem die *Catulli Carmina* enden, bewegte Orffs Phantasie jedoch weiterhin. So fügte er den Hochzeitscarmina Catulls die fragmentarisch erhaltenen Epithalamien der Sappho und einen Chor aus Euripides' «Hippolytos» hinzu, verband *kleinste Bruchstücke, kurze Strophen oder einzelne Zeilen dieser Fragmente*[143]. *Das neue Ganze,* das Orff schuf, schildert eine antike Hochzeitsfeier; Catulls Anruf des Abendsterns (Vesper adest) eröffnet das Fest. Mit Sapphos Versen wird der Hochzeitszug begrüßt, entfaltet sich das Gespräch der Brautleute. Das Hochzeitscarmen, von Catull zu einem aktuellen Anlaß verfaßt, beschwört Hymenaios, den Gott der Eheschließung. Es wird vom Gefolge der Braut unter Kitharamusik, Flötenklängen und Tanz bei ihrer Heimführung in das Haus des Bräutigams gesungen. Liebespoesie umfängt die Jungvermählten in der Hochzeitskammer. Aphrodite-Kypris erscheint als Schlußbild und wird mit den Versen des Euripides angerufen.

Im *Trionfo di Afrodite* hat Orff zum letztenmal die gesamten Streicher eingesetzt. *Während im ersten und zweiten Teil nur Celli und Bässe verwendet werden, kommen im dritten die Bratschen hinzu, bis endlich vom vierten Teil an mit der Einbeziehung der Geigen sich das ganze Streichorchester entfalten kann.* Der Komponist betont, daß *in noch größerer Ausdehnung als bisher ... einstimmige Haltetöne als Stützgebung für taktisch ungebundene, frei sich verströmende Melismen und als Bindung weiter*

Figurinen von Alfred Siercke zu «Trionfo di Afrodite».
Staatsoper Hamburg, 1953

Klangkomplexe eingesetzt sind. Gleich zu Beginn des Werkes *trägt ein sich über 158 Takte erstreckender Halteton das ganze Klanggebäude.*

Der Frage, ob Carl Orff tonal komponiere, ist Winfried Zillig, Schüler Schönbergs und Orff nahestehend, sehr sorgfältig nachgegangen. Seine Ausführungen [144] liegen dem folgenden zugrunde.

Es zeigt sich, daß Orffs musikalisches Material zweifelsohne diatonisch ist, doch jenseits der uns bekannten Dur-Moll-Beziehung steht; es weist eher vortonale Merkmale auf. Die Harmonik ist noch schwerer zu definieren. Sie verwendet den Dreiklang, hat auch oftmals über längere Strecken Beziehungen zu einem Zentralton, doch die Kadenz als funktionelle Bestätigung der Tonalität fehlt fast völlig. «So bezieht sich beispielsweise der ganze erste Satz des *Trionfo di Afrodite* auf den Ton f; im Hauptteil wird dieser Ton als Grundton einer phrygischen Tonart gedeutet, im Mittelteil als Dominante von b-moll, die aber charakteristischerweise den Grundton b an Gewicht übertrifft. Dabei dauert dieser Satz sieben Minuten. Es ist bewunderungswürdig, welches Leben aus den hieroglyphisch sparsamen Bausteinen dieser Musik erwächst», schreibt Zillig. Andererseits finden sich genug Stellen, die tonal nicht faßbar sind, auch nicht durch Umdeutung. Im letzten Satz des *Trionfo* erscheint «ein kompliziertes und kühnes, dabei genau gehörtes Tonsymbol, dem nur noch ein Ton zu einem Zwölftonkomplex fehlt». Doch Orff komponiert nicht in der Nachfolge Schönbergs: «Er arbeitet mit Modellen, die jeweils einem Urtyp musikalischer Erfindung angenähert erscheinen, allerdings mit höchster Verfeinerung in der Art ihrer Verwendung, die durch rhythmische Variation oder durch melismatische Ausgestaltung der melodischen Linie in keinem Takt primitiv oder einfallsarm wirken. Im Gegenteil, die Einfachheit dieser Modelle bestätigt eher die Konzentration der Erfindung auf das Allerwesentlichste, von dem aber alles abgefallen ist, was nach äußerem oder äußerlichem Zierat aussieht.»

Im fünften Teil des *Trionfo* greift der Komponist auf einen schon in den *Catulli Carmina I* verwendeten und in dem Chorsatz *Lugete o Veneres* zugrunde liegenden mehrstimmigen Ostinato zurück. Er erscheint im Trostlied für die sich von ihrer Familie und ihren Freundinnen lösende Braut Aurunculeia und ist in seiner Ausgewogenheit Ebenbild des klangvollen Namens der vornehmen Römerin: «Flere desine! non tibi, Aurunculeia!»[145]

Andere, sich oft über lange Strecken hinziehende Ostinati dieses Werkes sind neutrale Gerüste für die Singstimme oder haben dramatische Funktionen, *werden zum pulsierenden Element, das ekstatische Ausbrüche provoziert,* wie Orff anmerkt.

Über die Uraufführung des *Trionfo di Afrodite* im Februar 1953 an der Mailänder Scala (gleichzeitig die Uraufführung des *Trittico teatrale* unter der Leitung und Regie Herbert von Karajans) schreibt Orff: *Als Theaterereignis war der ganze Abend ein Fehlschlag ersten Ranges, und*

Carl Orff, 1959

so wurde von der Mehrzahl der Kritiker das Kind mit dem Bade ausgeschüttet.[146] Doch schon wenige Wochen später, am 5. März 1953, bei der ersten konzertanten Aufführung des Werkes unter Eugen Jochum anläßlich der Einweihung des wiederaufgebauten Herkulessaals der Münchner Residenz, erlebte das Werk *einen wahren trionfo*[147].

Kurz danach wurden die *Trionfi* im Württembergischen Staatstheater unter der Leitung von Generalintendant Walter Erich Schäfer ungekürzt aufgeführt. In Orffs Erinnerung lebt dieser Abend als *eine unvergeßliche Gipfelleistung der Stuttgarter Oper*[148].

In einem Essay beschrieb Wolfgang Schadewaldt die Idee des Werkes, die für ihn «nichts Ausgedachtes ist, sondern das unwillkürliche Sinngepräge, das jenes musische Gesamtgefüge aus Wort, Klang, Bild und Tanz lebendig durchwaltet und ihm die innere Einheit gibt». So spricht er von der «großen dichterischen Fuge, in der Orffs Werk die verschiedenen Stimmen der Zeiten und Völker vereint, eine Dichtung aus bereits Gedichtetem, die, mutig genug, die bis in die Sprachform hinein originalen Aussagen der Vergangenheit in einem neu erdachten Sinngefüge zusammenschließen»[149].

Spiegelung und Brechung aller Art: Die Antike im vielsprachigen Mittelalter (in den Buranischen Gesängen); Sapphos Verse, von Catull übersetzt und in den Orffschen *Catulli Carmina* als Huldigung für Lesbia erscheinend; Aphrodite, in Euripides' «Hippolytos», einem klassischen Potiphar-Motiv, nicht unwiderstritten, denn siegreich ist zuerst die keusche Artemis, der sich der einsame, der Liebe abgewandte Jäger Hippolytos verschrieben hat.

Musik zum «Sommernachtstraum»

In Shakespeares Werken nimmt die Vokal- und Instrumentalmusik seiner Zeit einen hervorragenden Platz ein. Die Gestalten seiner Dramen und Komödien sind musikalisch gebildet; man erwartete vom Publikum, daß es die vielen Zitate, in denen Musik und Instrumente umschrieben oder direkt angesprochen wurden, verstand. Für den «Sommernachtstraum» forderte der Dichter nur eine «Handvoll musikalischer Nummern», obwohl die Musik, ähnlich wie im «Sturm», mitwirkendes dramatisches Element ist.

Wieland und Herder hatten begonnen, Shakespeares Stücke den Deutschen zugänglich zu machen. Doch erst die Übertragung von August Wilhelm Schlegel und Ludwig Tieck, fertiggestellt von Tiecks Tochter Dorothea und dem Grafen Baudissin, bewegte die Zeitgenossen.

Felix Mendelssohn Bartholdy, Sohn einer deutsch-jüdischen Familie, schrieb 1826 als Siebzehnjähriger die Ouvertüre zum «Sommernachtstraum», ein großes Stück musikalischer Poesie, und siebzehn Jahre später, nahtlos anschließend, die Bühnenmusik dazu. Er komponierte aus dem Geist der Romantik, wollte das märchenhafte Stück ausdeuten und psychologisch vertiefen.

Bereits Mendelssohns Großvater Moses hatte Übersetzungen Shakespeares angefertigt. Dorothea, dessen Tochter, war mit Friedrich Schlegel, dem Bruder August Wilhelm Schlegels, verheiratet. Fanny, die vier Jahre ältere Schwester von Felix Mendelssohn Bartholdy, erinnerte sich noch in späteren Jahren an den großen Park des elterlichen Hauses in der Leipziger Straße 3 in Berlin, in dem die Geschwister Werke von Shakespeare aufgeführt hatten. Ihr Lieblingsstück war der «Sommernachtstraum».

Carl Gustav Carus, der Arzt, Maler und Forscher, schrieb nach der ersten Aufführung des «Sommernachtstraums» im Jahre 1844 in Dresden, daß ihm «so sonderbar zumute» sei. Er gedachte der Glocke, die «von selbst mächtig zu dröhnen und zu erklingen beginnt», wenn der Ton angeschlagen wird, der der ihrige ist. «Kein anderer Ton regt ihr Klingen an ... Nur tief Verwandtes regt Verwandtes mächtig auf.»[150]

Ähnlich ist es Orff ergangen: *Vom abendländischen Theater hat nichts so stark auf mich gewirkt wie die griechischen Tragiker und Shakespeare.*

Beide haben mich ein Leben lang begleitet und zur künstlerischen Ausein-
andersetzung gereizt. Meine periodisch immer wiederkehrende Beschäfti-
gung mit Shakespeare hat auf die meisten meiner Werke ihren Einfluß ge-
habt, auch wenn ich nur eines seiner Stücke, den «Sommernachtstraum»,
mit Musik versehen habe. Nicht nur meine Vorliebe für die Simultanbüh-
ne, auch die vier Burschen aus dem «Mond», die drei Strolche mit ihrem
Rüpelspiel aus der «Klugen», Szenen, besonders die Hexenszene aus der
«Bernauerin», die Soldaten aus dem «Osterspiel», die Hirten aus dem
«Weihnachtsspiel», die Sterzer aus «Astutuli», sie alle sind ohne Shake-
speare nicht denkbar.[151]

Zwischen den Jahren 1917 und 1962 arbeitete Carl Orff an sechs Ent-
würfen für eine Bühnenmusik zum «Sommernachtstraum». Er schrieb,
experimentierte, verwarf, begann von Neuem, verwendete einzelne frü-
here Teile, führte auf und zog zurück. Was ihm vorschwebte, erreichte
er in der fünften Fassung. In Mendelssohns Bühnenmusik schweigt die
Musik nach der Ouvertüre, und erst im Märchenwald erklingen das
Scherzo und der Elfenmarsch. In Orffs Einrichtung dagegen ist das ganze Werk, der ungekürzte «Sommernachtstraum», mit Musik durchsetzt.
Drei Trompeten eröffnen mit einem Zitat aus den *Carmina Burana* die
Komödie. *Früher stand dieses Zitat lediglich vor dem letzten Teil des*
Werkes, nun steht es als Motto strahlend über dem Ganzen. Jetzt war der
«Sommernachtstraum» eindeutig kein romantisches Elfen-Wald-Märchen
mehr, sondern ein Spiel vom Eros.[152]

Orff verzichtet auf größere musikalische Formen, er begleitet das
Bühnengeschehen nicht, er komponiert *keine Musik zum Text, sondern*
eine Musik aus dem Text, eine Musik, die Wort, Klang, Sprache, Darstel-
lung und Raum zusammenfaßt.[153]

1952 inszenierte Gustav Rudolf Sellner diese fünfte Fassung mit mini-
malem dekorativem Aufwand. «Eigentlich wird nur das Spielrequisit für
den Darsteller gebraucht. Aber auch dieses ist sparsam eingesetzt und
nur da angewandt, wo es ‹handlungstragend› ist, also zum dramatischen
Requisit wird.»[154] Diese Sparsamkeit stellt die höchsten Ansprüche an
den singenden Tänzer-Schauspieler, der fast ohne Hilfsmittel agiert.

Der Uraufführung in Darmstadt folgten in der gleichen Inszenierung
Wiederholungen in Bochum und München. Über die Premiere im
Münchner Residenztheater berichtete Walter Panofsky[155]: «Auf der
vorhanglosen Bühne ist ein Spielgerüst aufgeschlagen, wie es ähnlich
einst auf manchem mittelalterlichen Marktplatz gezimmert wurde. Un-
sichtbare Fanfaren erklingen. Hinter der Szene antworten Streicher,
Bläser und Schlagwerk. Die Bühne scheint von Musik förmlich untermi-
niert, von Klängen durchtränkt zu sein. Der Raum tönt, das Spiel kann
beginnen. Es ist der altvertraute Text, den wir hören. Und dennoch ist
es eine neue Sommernacht, die wir träumen. Carl Orff hat den elementaren Sinngehalt dieses panischen Aufruhrs wieder freigelegt . . .»[156]

Märchenstücke

Der Mond. Ein kleines Welttheater

*Die Kluge. Die Geschichte von dem König
und der klugen Frau*

Das Märchen vom «Mond», durch die Gebrüder Grimm überliefert, war
für Orff *die Vorlage für ein Stück, das ein nachdenkliches Gleichnis von der
Vergeblichkeit menschlichen Bemühens, die Weltordnung zu stören, und
gleichzeitig eine Parabel vom Geborgensein in eben dieser Welt werden
sollte*[157]. Dem sanften Epos des Märchens jedoch fügte er ein dramatisches und makabres Nachtstück hinzu: *Die Unterweltszenen, die über die
Grimmsche Vorlage weit hinausgehen, wurden textlich völlig neu gestaltet.
Mit dem hier beginnenden Ausbau zum «kleinen Welttheater» wird die
Märchenszene verlassen, was nicht nur in der Musik, sondern auch in der
Sprache zum Ausdruck kommt.*[158] Die Musik zum *Mond* war noch vielfach dem Wurzelgrund des Schulwerks entwachsen... *In der Unterwelt, in
der es so weltlich zugeht, brechen immer wieder buranische Taberna-
Klänge auf. Zwiefache, Gassenhauer und andere Tanzstücke, zum Teil
wörtlich dem Schulwerk entnommen, sind über das ganze Werk ver-
teilt.*[159]

Orff ließ das *Kleine Welttheater* mit einem Erzähler (lyrischer Tenor),
der auch im Verlauf des Spiels den Faden immer wieder aufnimmt und
weiterspinnt, beginnen und schließen: In einem weitgespannten Arioso
berichtet dieser zuerst über die vier Burschen, die den Mond, der leuch-
tend an einem Eichbaum hängt, stehlen, über einen Bauern, einen
Schultheiß und einen Wirt sowie einen anderen Schultheiß. Auch erzählt er von Leuten, die in der Schenke zechen und sich den Mond stehlen lassen und von anderen Leuten, die sich über den gestohlenen Mond
freuen und ihn später nacheinander, viergeteilt, den diebischen Burschen mit ins Grab geben. Auch von den Leichen, die der Mond auf-
weckt, wird erzählt und von einem alten Mann, der Petrus heißt und den
Himmel in Ordnung hält, der aber auch das durch den Glanz des Mon-
des aufgestörte Totenreich wieder zur Ruhe bringt, indem er sich zu den

Toten setzt, mit ihnen zecht und sie wieder in den Schlaf singt. Mit den Worten

> *Seltsam ist das ganze Leben,*
> *denn das Meiste geht daneben*
> *von der ganzen Fantasei –*
> *doch ihr war't ja selbst dabei*[160] –

verläßt er die Toten. *Dann hieß er sie sich wieder in ihre Gräber legen und nahm den Mond mit fort, den er oben am Himmel aufhing.*[161]

Zauber breitet sich über der letzten Szene aus, in der ein Kind im Nachthemd aus einem Haus kommt. *Ah,* sagt es, *da hängt ja der Mond!* Himmel, Menschenreich und Totenreich sind wieder im kosmischen Gleichgewicht.

Uraufgeführt wurde *Der Mond* am 5. Februar 1939 in der Bayerischen Staatsoper in München unter der musikalischen Leitung von Clemens Krauss mit Julius Patzak als Erzähler. Obgleich das Publikum und der größte Teil der Presse das Werk verstanden hatte, wußte Orff, daß er, *beherrscht von der Idee des Welttheaters ... erstmals von einer im Grunde genommen kaum realisierbaren Bühnenvision*[162] ausgegangen war. *Dann,* so Orff, *löschte der im September 1939 ausgebrochene Krieg dem Mond das Licht für viele Jahre aus.*[163] Erst ab 1950 erschien *Der Mond* wieder auf den Theaterspielplänen.

Illustration zum Märchen vom Mond: Zeichnung von Otto Ubbelohde

Für Carl Orff *ist und bleibt «Der Mond» ein Bühnenerstling mit allen Schwächen und Unzulänglichkeiten eines solchen. Doch liegt gerade darin ein besonderer Reiz. Alles noch Unzulängliche verlangt nach immer wieder neuen Lösungen, und so lange diese gesucht werden, bleibt ein Werk lebendig.*[164]

Während Carl Orff die *Geschichte von dem König und der klugen Frau* schrieb, wurden die für die Bühne schaffenden deutschen Komponisten aufgefordert, mit einem handgeschriebenen Lebenslauf und einem Porträtfoto zu einer Anthologie beizutragen. Orffs Antwort war kurz und knapp: *Carl Orff, geboren 1895 in München, lebt daselbst.*[165] Auch dieses Wort Orffs ist längst zu einem «geflügelten Wort» geworden. Es ähnelt den Sprichwörtern, die er in der *Geschichte von dem König und der klugen Frau* verstreut hat. Wer damals Ohren hatte, zu hören, der verstand die Anspielungen. Diese Sprichwörter sind das Salz der Handlung. Alle Figuren führen sie im Mund, besonders die drei Strolche, die in schneller Wechselrede damit agieren. Schelme haben Narrenfreiheit. So tragen sie plärrend eine Litanei vor: *Fides ist geschlagen tot, Justitia lebt in großer Not. Pietas ist auserkorn. Patientia hat den Streit verlorn. Veritas ist gen Himmel flogen. Treu und Ehr sind übers Meer gezogen. Betteln geht die Frömmigkeit. Tyrannis führt das Szepter weit. Invidia ist worden los. Caritas ist nackt und bloß. Tugend ist des Lands vertrieben. Untreu und Bosheit sind verblieben, sind verblieben ...*[166]

Ausgegangen jedoch ist Carl Orff von einem Weltmärchenstoff, dem Volksmärchen von der klugen Bauerstochter. *Gleich zu Beginn der Arbeit stürzte ich mich auf die Szene mit dem eingesperrten Bauern, der im Kerker lamentiert, eine Szene, die noch ganz auf Grimm zurückgeht.*[167] Bald jedoch mangelte es ihm an szenischer Aktion und neu eingreifenden Figuren. In einem zufällig gefundenen Bändchen mit Sprichworten entdeckte er *schon bei einer ersten kurzen Lektüre eine große Zahl treffender Sprüche, die so spontan auf mich wirkten, daß daraus gleich ganze Szenen entstanden,* schreibt Orff. *Ich fand einen ganz bestimmten Sprachstil, der dem Stil der Musik, wie er mir vorschwebte, genau entsprach. Durch die bildhaften, drastisch-derben Sprüche angeregt, fand ich auch die gesuchten, in das Spiel eingreifenden Figuren, die ich als Gegenspieler brauchte: ein Trio von Strolchen, liederlich-listigen Vagabunden, die zu einem movens für das ganze Spiel wurden. Mit dem gleichsam dem Stegreif entwachsenen Strolch-Szenen war der Anschluß an die erste und die dramatische Verknüpfung der folgenden Szenen gefunden.*[168]

Die Textvorlage, von Orff selbst geschaffen, sei angedeutet: Die kluge Bauerstochter warnt ihren Vater davor, den goldenen Mörser, den er auf dem Acker gefunden hat, dem König zu bringen, so lange der dazugehörige Stössel noch fehle. Der Vater tut es trotzdem. Er wird sofort vom König, einem Kraftprotz, eingesperrt. Im Kerker poltert und jammert er: *Oh, hätt' ich meiner Tochter nur geglaubt!* Der König wird neu-

Titelillustration für den Klavierauszug «Die Kluge» von Caspar Neher

gierig und läßt nach der Bauerstochter schicken (*Die kluge Tochter muß ich sehn, die will ich mir ganz nahe anbesehn!*) und heiratet sie vom Fleck weg, als sie drei schwierige Rätsel löst. – Ein Maulleselhalter überredet die drei Strolche, seinen Streit mit einem Eselbesitzer vor den König, den obersten Richter, zu bringen. Ein in der Nacht geborenes Füllen hatte nämlich am Morgen nahe beim Maulesel und nicht bei der Esels-

101

mutter gelegen, und *nach dem Brauch in aller Welt, auf wessen Grund der Apfel fällt, dem ist er auch zu eigen. Daß dem so ist, das wird sich bald, das wird sich bäldlich zeigen.* Der König, der auf der Simultanbühne mit der nun als Königin gekleideten Klugen Schach spielt und eben am Verlieren ist, spricht dem Mauleselbesitzer tatsächlich das Füllen zu. Die Kluge hat alles beobachtet und rät dem Eselbesitzer, auf dem Marktplatz zu fischen, denn, wie man sehe, könne ja auch ein Maulesel einen Esel werfen. Als der König des Wegs kommt und den «Fischer» erblickt, weiß er sofort, daß die Kluge ihre Hand im Spiel hat. Er läßt den «Fischer» in den Turm sperren und verstößt die Kluge. Er erlaubt ihr allerdings zum Abschied, eine Truhe mitzunehmen und das hineinzutun, was ihr das Liebste sei. Die Kluge schüttet dem König daraufhin heimlich Schlafmohn in das Abendessen und läßt ihn in dieser Truhe aus dem Hause tragen.

Es ist mehr als ein Spiel mit Worten, wenn die Kluge am Ende der Geschichte eine Sentenz ausspricht, die sie zugleich widerlegt: Klugsein und Lieben kann kein Mensch auf dieser Welt. Und doch beschwört sie mit diesem Zitat auf sibyllinische Weise nur nochmals ihre überlegene Klugheit.[169]

Gleich in der ersten Szene der *Klugen*, einem Beispiel für viele andere ähnliche Stellen, ist in musikalische Gestik umgesetzt, was auf der Bühne geschieht. Dort ist der Bauer, der Vater der Klugen, in einem Kerker eingesperrt. Sein Jammern *Oh, hätt' ich meiner Tochter nur geglaubt.*[170] erschallt zunächst in einem lang ausgesungenen Ton, dem ein chromatisch absteigendes Motiv – ein altes musikalisches Verfahren, um ein Lamento darzustellen – entspringt. Wiederholt, verlängert, dann atemlos verkürzt, schildert es die Wut, aber auch die ausweglose Situation des Bauern. Nach wenigen Takten nur, aus einfachem Tonmaterial aufgebaut, sind wir mitten in der Handlung.

Es ist eine frische und heitere Musik, die Orff zur *Klugen* schrieb. Sie ist rhythmusbesessen, wo es sich gehört, durchsetzt mit nur angedeuteten Eigenzitaten, mit drastischen Gassenhauern, aber auch mit liedhaften Partien. Die drei Strolche, die sich in ihrem Rotwelsch sogar aufs Lateinische einlassen, treten in Sprechszenen, aber auch als munteres Bänkelsängertrio auf.

Am 20. Februar 1943 wurde die *Kluge* im Frankfurter Opernhaus uraufgeführt.[171] Sie wurde ein Welterfolg und in mehr als zwanzig Sprachen übersetzt. 1950 gab es in Rom eine bedeutsame Aufführung der *Klugen*, *der «Donna saggia».* Orff erzählt gern von den *vagabondi, die den Figuren der alten commedia dell'arte wie aus dem Gesicht geschnitten waren. Das Spiel, in das sie auch allerlei Stegreifimprovisationen einbrachten, war ihnen auf den Leib geschrieben und entsprach ganz dieser einzigartigen Tradition.*[172] 1958 gab *Die Kluge* ihren Einstand in Japan. Der König trug ein prunkvolles Samurai-Kostüm der früheren Tokugawa-Epoche und *Die Kluge* einen altjapanischen Kimono.

Das Bairische Welttheater

Die Bernauerin. Ein bairisches Stück

Astutuli. Eine bairische Komödie

*Ludus de Nato infante mirificus.
Ein Weihnachtsspiel*

*Comoedia de Christi resurrectione.
Ein Osterspiel*

Schmellers Wörterbuch und das Liederbuch der Clara Hätzlerin sind die Quellen, denen die Bernauerin ihre Gestalt verdankt, und dementsprechend ist auch der Untertitel gewählt, der – wie bei allen meinen Stücken – Sprache und Mentalität zugleich charakterisiert. [173] Schmellers Wörterbuch war Orff seit den *Carmina Burana* vertraut. Während einer Ruhepause, durch Krankheit erzwungen, studierte er dieses *umfassende Werk nahezu Zeile für Zeile mit wachsender Begeisterung, wobei sich mir der altbairische Dialekt, der bis auf das Mittelhochdeutsche, die Sprache Walthers von der Vogelweide wie auch des Nibelungenliedes zurückgeht, in seiner Kraft, in seiner Anschaulichkeit und Bildhaftigkeit und nicht zuletzt in seinem unerschöpflichen Vokalreichtum als eine neue Klangwelt erschloß.* [174]

Das Liederbuch der Hätzlerin [175] lernte Orff erst kennen, als er schon mit der Niederschrift des Textes zur *Bernauerin* begonnen hatte. Es gab ihm noch bedeutende Anregungen.

Den geschichtlichen Hintergrund des Stückes von der Bernauerin bildete der jahrzehntelange Streit der Wittelsbacher Herzöge, die 1392 ihr Land in drei Herzogtümer geteilt hatten. Dieses Übereinkommen wirkte sich unheilvoll aus; jede Linie suchte auf Kosten der anderen ihre Macht zu verstärken, jede bangte um das Aussterben ihres Zweiges.

In einer öffentlichen Badestube zu Augsburg, in der Agnes, die schöne Bernauerin, als Bademagd diente, lernte Albrecht, der einzige Sohn des Herzogs Ernst von München, sie kennen. Er, der zukünftige Herzog, ließ sich die junge Frau heimlich antrauen und nahm sie mit auf Schloß Voheburg an der Donau, das er von seiner Mutter geschenkt bekommen hatte. Herzog Ernst, der Vater, war zunächst nicht gegen diese

(Bl. 1.)

1.

Mit gewalt liegen Landtfarer,
Alt Lütt
Vnd die Herren!
So ift erlaubt ze liegen den
Wachtern,
Waidlüten vnd den Bulcrn;
So ift notdurft ze liegen
Den Arzten,
Kauflüten vnd den
Gaugglern!

2.

Allerliebfta,
Befchaidena,
Czuckerfüfz,
Durchgepreyfzta,
Erentreicha,
Frölicha,
Güttiga,
Hochgelobta,
Immertröftlicha
Kind!
Luftliche
Maget!
Natürliche,
Obrofte
Pietterin!
Quick!
Rainclicher
Schatz!
Triulicha
Verfenen!

Xps (Chriftua)
Yefua
Zerbräch dir allea leiden!

3.

No: du folt fein
Ob dem tifch ain Adler,
Vf dem veld ain leo,
Vf der gaffen ain pfaw,
In der kirchen ain lamb,
In dem pett ain Aff!

4.

Abgerittene
Böfzwichtin!
Czerrüfzne,
Durchtribne,
Erenlofe,
Frawenfchenderin!
Gruntlofe,
Hŭrifche,
Inprünftige
Kotz!
Liegende,
Mifztrewige
Nachrederin!
Offenbare
Plŭtuergiefzerin!
Quoftenpinderin!
Rewdige
Sackhŭr!
Trunokne
Verrätterin!

Das Liederbuch der Clara Hätzlerin

Verbindung eingeschritten. Als er aber in ihr das Hindernis für eine standesgemäße Ehe seines Sohnes und damit eine Gefahr für die Erbfolge heraufkommen sah, ließ er die Bernauerin 1435 nach einem Formalprozeß in der Donau ertränken, während Albrecht auf einer Hirschjagd war.[176]

Während Orff noch an der *Bernauerin* schrieb, kündigte sich ihm *schon eine andere Welt, die Umrisse der antiken Tragödie, an. Das gilt nicht nur für die «Bürger von Munichen» des dritten Bildes (der «Bernauerin»), die die Funktion des antiken Chores übernommen haben oder für die Hexenszene des zweiten Teiles, die sich des klassischen Mittels der Teichoskopie bedient, sondern am stärksten wohl für die Schlußszene des Werks, die mit ihrer blockhaften Großform, ihrer Mischung von dramatischer Aktion und reflektierender Statik ihre Vorbilder in der attischen Tragödie hat.*[177]

Die Bernauerin, so berichtet Carl Orff heute, dreißig Jahre nach ihrer Uraufführung, *steht auf einem Scheitelpunkt, ist zugleich Abschluß der*

Grabmal der Agnes Bernauer in St. Peter zu Straubing, 1436

vorangegangenen Entwicklung und Ausblick auf das musikdramatische Neuland, das ich mit der «Antigonae» wenig später betreten sollte[178].

Die Sprache, die rhythmische Organisation der Sprache, war wieder das Hauptanliegen Orffs, und *so stellt der Weg bis zur «Bernauerin» für ihn den Versuch dar, das Verhältnis von Wort und Musik angesichts der unterschiedlichen Erfordernisse der Bühnenhandlungen jeweils neu zu lösen. Auch in der «Bernauerin» wechseln gesprochene und musikalische Szenen ab, das Neue daran ist jedoch, daß hier die Sprache aus der Musik entsteht oder umgekehrt die Musik aus der Sprache erwächst, indem sie deren Klang und deren Sinn mit ihren eigenen Mitteln nachbildet.*[179]

Liest, spielt, mimt Orff selbst die *Bernauerin,* so ist keine Musik notwendig. Da springen Musik und Rhythmus, Agnes, Albrecht, die Bürger am Wirtshaustisch in München und die Hexen, die lemurischen Gestalten, aus seinen Händen und Gesten und aus dieser «Wurzelsprache», die nicht mit dem bayerischen Dialekt identisch ist, sondern eher an Oswald von Wolkensteins Wortfindung denken läßt.

In den Fluch- und Schimpforgien der Hexenszene, einem rhythmisierten Litanei-Sprechen von Männerstimmen auf Schlagwerkgrund, wird Orffs Wort-Choreographie deutlich:

> *Itzt ham sie s'derpackt!*
> *Itzt ham sie s'derpackt!*
> *Griffn,*
> *aufgriffn,*
> *griffn,*
> *aufgriffn,*
> *griffn,*
> *aufgriffn,*
> *in Bandn neingschlagn.*
>
> *Itzt fahrn sie s'daher,*
> *itzt fahrn sie s'daher*
> *im hülzernen Kefig.*
> *Zwiefotzete*
> *Hur.*
> ...
> *Umstörzerin.*
> ...
>
> *Trostlose*
> *Verschmacherin,*
> *elende*
> *heimliche*
> *Blutvergiesserin.*

*Carl Orff liest und mimt «Die Bernauerin» im Cuvilliés-Theater.
München, 15. Juni 1972*

Quastenbinderin!
Schinderhaarige
immerwährende
Zageltasch.

Itzt kummt s'nimmer hoch!
Itzt kummt s'nimmer hoch!
Itzt kummt s'nimmer hoch!
...

Itzt kummt s'nimmer hoch!
D'Fisch san fortgschwomma,
hats koaner vernomma,
wie s'gschrien hat
im Tod.[180]

Ein Orffsches Musterbuch der Gesetze und Möglichkeiten von Vers und Reim: Reihung und Wiederholung, Überschreitung des Satzgefüges von einem Vers zum anderen, von einer Strophe zur anderen, von Klangfiguren, Klangketten und Klangvarianten. Die Bedeutung des Wortes verschwindet, der Wortklang dominiert.

Carl Orff schrieb die Rolle der *Bernauerin* für seine Tochter Godela, die seiner 1920 geschlossenen Ehe mit der Sängerin Alice Solscher entstammt. In der Uraufführung 1947 spielte Godela die Titelrolle.

Die am 19. Januar 1946 vollendete Partitur widmete Orff seinem Freund Kurt Huber, dem Musikforscher und Philosophen, der vom Volksgerichtshof zusammen mit den Geschwistern Scholl zum Tode verurteilt und im Juli 1943 hingerichtet worden war. Kurt Huber hatte schöpferischen Anteil am Werden der *Bernauerin* genommen. Ihm, der die bayerische Volksmusik liebte, sammelte und erforschte, ist es zu verdanken, daß Orff in die bewegende Szene der Münchner Bürger den Summchor «Hoam, hoam sollt i geh»[181] aufnahm.

Bis zu seiner Verhaftung hatten sich Kurt Huber und Carl Orff fast täglich in Gräfelfing bei München getroffen, wo sie in der gleichen Straße wohnten.

Der Tragödie der *Bernauerin* fügte Orff gleichsam als Satyrspiel *Astutuli*, eine *bairische Komödie*, hinzu, die in den Jahren 1947 bis 1949 entstand und 1953 zum erstenmal in München aufgeführt wurde. Die Anregung hatte sich Orff aus des Apuleius «Goldenem Esel» und einem Scherzspiel des Spaniers Cervantes geholt. Im barocken, bilderreichen Bayerisch schildert er die Geschichte derjenigen, die glauben, besonders schlau und gewitzt (astutus) zu sein.

Zeigt die *Bernauerin* Orff zart und empfindsam, zu tiefer Erschütterung fähig, so werden in den *Astutuli*, vor allem in der Figur des Gaglers, der die Astutuli übertölpelt, Orffs Vitalität und sein Witz sichtbar.

Godela Orff als Bernauerin in der Uraufführung. Stuttgart, 1947

In den Partituren zur *Bernauerin* und zu den *Astutuli* dominieren die Schlaginstrumente, die das Geschehen begleiten und unterstreichen: Trommeln, Xylophon, Becken, Pauken und hölzerne Ratschen.

Der österreichische Zeichner Alfred Kubin fertigte Tuschfederzeichnungen zu Orffs *Astutuli* an. Er äußert dazu: «Es handelt sich bei mir, der ich vor wenigen Wochen noch wähnte, keine Textbebilderungen mehr zu schaffen – um ein Wiederaufflammen des Triebes zu solchen –

109

Die Fahrende. Illustration zu «Astutuli» von Alfred Kubin

hier für einen Text des Dichters und Komponisten Carl Orff – eine bayerische Komödie – urwüchsig mystischer Gattung, «Astutuli»![182]

Im Osterspiel, der *Comoedia de Christi resurrectione* (1957)[183] und im Weihnachtsspiel, dem *Ludus de Nato infante mirificus* (1960) nimmt Orff die bildhafte und einprägsame, bis ins späte Mittelalter lebendige Tradition der geistlichen Spiele auf: *Es lag nahe, das Osterspiel durch seine «Vorgeschichte» zu ergänzen. So schrieb ich 1959/60 das Weihnachtsspiel ... und somit gleichsam das Vorspiel für die Resurrectio, dem Triumph aller Triumphe.*[184]

Beiden Mysterien, aus der deutschen, der lateinischen und der griechischen Sprache geformt, stellt Orff das Dämonische entgegen: im Weihnachtsspiel versuchen Hexen, die heilige Familie durch Wetterzauber zu vernichten, im Osterspiel sitzt der Teufel auf dem Grab des Herrn, würfelt mit den Wächtern und sucht sie zu überlisten, versäumt dann aber aus lauter Geschäftigkeit und Gier die Auferstehung des Gekreuzigten.

Die musikalischen Mittel, deren sich Orff in seinem *Bairischen Welttheater* bedient, haben ihren Ursprung in Orffs Sprache, seiner Sprach- und Sprechkunst. Die Atmosphäre des Bühnenwerks, das vielfältige Realisationsmöglichkeiten zuläßt, ist darin eingefangen und ausgedrückt.

Die griechische Tragödie nach Hölderlin

Antigonae
Oedipus der Tyrann

Nach Aristoteles leitet die attische Tragödie ihren Ursprung aus den Festliedern her, die zu Ehren des Dionysos gesungen wurden; in ihnen wurde von den Taten und Leiden dieses Gottes erzählt. Gesang, von einem Chor vorgetragen, war somit der Ausgangspunkt und der charakteristische Bestandteil der griechischen Tragödie. Zum Drama in unserem Sinn entwickelte sich die Tragödie zur Zeit des kunstsinnigen Peisistratos: 534 vor Christi Geburt kam Thespis mit seinem Karren in die Stadt Athen und stellte dem Chor einen Schauspieler gegenüber, der den Fragen des Chorführers antwortete. Aischylos führte in seinen Werken den zweiten Schauspieler ein, Sophokles den dritten. Auch bei Sophokles ist der Gang der Handlung durch den Mythos unverrückbar vorgezeichnet, doch läßt er deutlicher als Aischylos den Einzelverlauf aus den Charakteren der handelnden Personen hervorgehen.

Sophokles' «Antigone» wurde im Jahre 442 zum erstenmal in Athen aufgeführt, vermutlich bei den großen Dionysien im März, an denen vorwiegend Tragödien gezeigt wurden. Ein Jahr später wurde der Dichter, nach einer glaubwürdigen antiken Quelle, zusammen mit Perikles in das höchste Regierungskollektiv gewählt. Ausschlaggebend für diese Ehre, so darf man füglich annehmen, war nicht nur des Poeten Meisterschaft, sondern vor allem die Gestalt der tragischen, unschuldig-schuldigen Antigone, die er geschaffen hatte und die seine hohe menschliche Gesinnung bezeugte.

Carl Orff lernte Sophokles' Werk in der genialen Nachdichtung von Hugo von Hofmannsthals «Elektra» kennen. Noch heute erzählt Orff von einer Aufführung der «Elektra» im Juni 1914 im Münchner Hof- und Nationaltheater mit Zdenka Mottl-Fassbender in der Titelrolle, Paul Bender als Orest und Richard Strauss am Dirigentenpult: *Ich hatte Elektra schon viele Male auf meinem Stammplatz im Hoftheater auf der Galerie mitlesend und mithörend erlebt, und war wiederum von diesem grandiosen Werk ergriffen, gepackt und hingerissen, so daß ich nach der Aufführung noch stundenlang ziellos durch den dunklen Englischen Gar-*

111

ten irrte. *Elektra stellte für mich einen Höhepunkt, der nicht mehr über-
gipfelt werden konnte, gleichzeitig aber auch einen Endpunkt dar. Ich
wußte, hier führt für mich kein Weg mehr weiter. Ich mußte neuen Boden
finden, neu beginnen.*[185] Im Sommer 1916 sah Orff die «Antigone» in einer deutschen Übersetzung, eine Aufführung, die für ihn *ein Lehrstück,
wie eine antike Tragödie nicht dargestellt werden kann*[186] war. Mary Dietrichs[187] in der Titelrolle wirkte aber so stark auf ihn, daß er hoffte, *einen
Weg zu finden, die «Antigone» des Sophokles* auf seine Weise *mit Musik
zu interpretieren.* Eines war Orff von vornherein klar: ... *nur eine Nachdichtung konnte dafür in Frage kommen, aber keine mit noch so viel Phi-
lologenfleiß hergestellte Übersetzung.*[188]

Ein Jahr später fiel ihm Sophokles' «Antigone» in der Nachdichtung
Hölderlins in die Hände. *Ich stürzte mich darauf. An Schlaf war nicht zu
denken. Ich las die ganze Nacht. Noch nie war ich einer Dichtung von
solcher Sprachgewalt begegnet. «Gemeinsamschwesterliches, o Ismenes
Haupt!»* – *gleich diese ersten Worte Antigonaes, die das Werk so lapidar
eröffnen, überwältigten mich. Ich empfand sie sofort als eine überlebensgroße Initiale. Dieser Anfang, der sich mir aufdrängte und den ich noch
in derselben Nacht aufzeichnete, wurde für meine ganze spätere Arbeit
weg- und richtungsweisend.*

Erst 1941 begann Carl Orff, nachdem er zunächst *verschiedene Teile
des Werkes in Skizzen festgelegt hatte*, mit der kontinuierlichen Ausarbeitung.[189]

Für Orff verlangte Hölderlins hymnische Nachdichtung der «Antigone»[190] *eine affektive, eine «gesteigerte» Sprechweise, die sich bis zum ario-
sen Gesang erheben kann, also zu einem neuen Deklamations- und Ge-
sangsstil*[191], die der menschlichen Stimme und damit dem Darsteller den
Vorzug gaben, aber auch zu bedeutender Umgestaltung des Orchesters
führten. Der aus über einhundert Instrumenten bestehende Klangkör-
per, vor allem das große Schlagwerkorchester, zu dem auch sechs Klaviere zu zählen sind, die mit Schlägeln und Plektron gespielt werden,
eröffnete nach Orffs eigener Einschätzung neue Möglichkeiten zur Entfaltung der Sprech- und Singstimme.

Orff folgte der festen und zugleich lebendigen Formenwelt der antiken
Tragödie, die Hölderlin in seiner Nachdichtung überlieferte, und setzte
die Instrumente seines Orchesters dem dramatischen Geschehen entsprechend stufen- und gruppenweise ein. *Jede Szene hat ihre eigene Klangge-
stalt. Die Musik folgt einem Grundgesetz der griechischen Tragödie, alles
Hörbare sichtbar und alles Sichtbare hörbar zu machen.*[192] So zieht nach
dem Prolog, einer Wechselrede zwischen Antigone und ihrer Schwester
Ismene, der Chor der Thebanischen Alten ein, der in Jubel über die Be-
freiung Thebens ausbricht.

Der Gang Antigonaes in die Grabkammer

> O Blik der Sonne, du schönster, der
> dem siebenthorigen Theben
> seit langem scheint, bist einmal du
> erschienen, o Licht, bist du,
> o Augenblik des goldenen Tages, gegangen
> über die Dirzäischen Bäche ...
> Der grossnahmige Sieg ist aber gekommen,
> der wagenreichen günstig, der Thebe ...

Orff setzt mit dem *weitgespannten Anruf zu Beginn «O Blik der Sonne»* ein Klangzeichen für den Gehalt des ganzen Chorliedes: Begrüßung *des neuen Tages, Preis der Kraft des aufgehenden Lichtes, ekstatischer Jubel über den errungenen Sieg. Die Akkordschläge von sechs Klavieren, Pauken, Großer Trommel, Glockenspielen, Cymbeln und Becken unterstreichen den Glanz und die Mächtigkeit des Siegesgesangs.*[193]

Zu Beginn des zweiten Teils des Trauerspiels, nach der Drohung Kreons, des in Theben regierenden Königs, daß keiner den Sohn des Oedipus, Polynikes, begrabe, und nach dem ersten Botenbericht, dem Bericht des Wächters, meditiert der Chor über die Größe und die Verfallenheit des Menschengeschlechts:

> Ungeheuer ist viel. Doch nichts
> ungeheuerer als der Mensch ...
> Von Weisem etwas, und das Geschikte der Kunst
> mehr, als er hoffen kann, besitzend,
> kommt einmal er auf Schlimmes, das andre zu Gutem.

Für Orff *eröffnet sich hier zum erstenmal die Klangwelt der Xylophone*[194]. Die mit der ersten Gegenstrophe einsetzenden Xylophonglissandi, von einem ostinaten Wechselklang der Klaviere getragen, sind für ihn *klangliche Zeichen für das Fließende von Meer und Wind, den griechischen Urelementen*[195] und Zeichen auch für das Wechselhafte des menschlichen Lebens.

Der Höhepunkt der Tragödie ist der Gang Antigones in die Grabkammer. Sie hat Kreon getrotzt, hat den Leichnam des Bruders mit Sand bestreut und damit dem Gebot der Götter Genüge getan. Kreon läßt sie lebendig einmauern. Antigone nimmt ihr Schicksal bereitwillig an. Orff schreibt dazu: *Mit einer weitausholenden Geste beginnt sie ihre Anrufung: O Grab! O Brautbett! Unterirdische Behausung immerwach! Von einem unerbittlichen Urrhythmus begleitet – er gleicht dem Tangorhythmus und ist ihm doch so fremd und so vorweggenommen wie ein Urzeitliches einem Heutigen (Winfried Zillig) – schreitet Antigonae dem Tod entgegen.*[196]

Ein Stasimon, ein Standlied des Chores, schließt sich an, mit Beispielen aus der Sage und dem Hinweis auf Helden, die ein ähnliches Schicksal erlitten haben wie Antigone. Die Peripetie, die entscheidende Wendung, geschieht durch den blinden Seher Tiresias, der den Willen der Götter kundtut. Doch es ist zu spät. Antigone hat sich im Grab erhängt; Haimon, Kreons Sohn, der Antigone als Ehemann zugedacht, tötete sich selbst; Eurydike, Kreons Gattin, nahm sich das Leben. Kreons furchtbare Selbstanklage wird vom Chor aufgenommen und beantwortet:

> Um vieles ist das Denken mehr, denn Glükseeligkeit
> Man muß, was himmlischer ist, nicht entheiligen.

Große Blike aber, große Streiche
der hohen Schultern vergeltend, sie
haben im Alter gelehrt, zu denken.

Auf dem Grundton C kommt die Tragödie zur Ruhe.
Entgegen aller Konvention, nach der Seher, Weise und Priester in der Oper von tiefen Bässen gesungen werden, hatte Orff *bei der Konzeption des Tiresias immer den hohen unverkennbaren Tenor Karl Erbs im Ohr gehabt.* Für Orff *konnte bei einem Mann, der blind, das heißt, «am Kopf geschlagen», seinen inneren Gesichten ausgeliefert ist, nur eine hohe, «hellseherische» Stimme in Frage kommen.*[197]
Wegen eines schweren Unfalls mußte Karl Erb jedoch sein Mitwirken an der Uraufführung absagen. *Doch schickte er uns seinen Schüler Ernst Häfliger, der als Tiresias zum erstenmal auf der Bühne stand und sich sogleich bewährte.*[198] Der Uraufführung der *Antigonae* am 9. August 1949 in Salzburg gewährten die Götter ein zwiespältiges Glück. *Letzten Endes wurde mir alles, was ich in Salzburg erfahren mußte*, so berichtet Carl Orff, *zu der einzigen Herausforderung, nun unverzüglich mit Hölderlins zweiter Sophokles-Übertragung «Oedipus der Tyrann» zu beginnen. Nur der Gedanke an dieses neue Werk, der mich mit ganzer Leidenschaft ergriffen hatte, half mir über meine damaligen Enttäuschungen hinweg.*[199]
Am 27. Januar 1950 wurde die *Antigonae* in der ungekürzten Fassung in Dresden als deutsche Erstaufführung unter der Leitung von Josef Keilberth mit Christel Goltz in der Titelrolle gespielt.
Die Inszenierung Wieland Wagners, des Enkels von Richard Wagner, am Württembergischen Staatstheater Stuttgart im Jahre 1956 wurde zu einem Markstein in der Aufführungsgeschichte der Tragödie. Wieland Wagners früher Tod im Oktober 1966 setzte gemeinsamen Zukunftsplänen ein Ende, Plänen, die hoffen ließen, daß er in Bayreuth eines Tages nicht nur Werke von Richard Wagner inszenieren würde.[200]
Thrasybulos Georgiades schreibt, wie fast aussichtslos es ihm erschien, die Hölderlinsche «Antigone» zu vertonen. «Ich verfolgte Ton für Ton die Entstehung des Werkes», berichtet er, «das Erklingende überzeugte und gewann mich ... Durch das Schaffen einer eigenartig strukturierten Musiksprache hat Orff versucht, neue Sinnbezüge herzustellen und somit das Hölderlinsche Werk zum Träger des für uns verbindlichen antiken Sinns, zu modernem, echtem Theater zu verwandeln.»[201]
Der Komposition des Sophokleischen Trauerspiels «Oedipus der Tyrann», ebenfalls in der Hölderlinschen Nachdichtung, widmete Carl Orff mehr als sieben Jahre.[202] *Wurde das Instrumentarium in der Antigonae erst mit der Entstehung der Partitur allmählich aufgebaut, so war es beim Oedipus von Anfang an eine Gegebenheit*, erläutert Orff. *Es mußte nur erweitert und ausgebaut werden. Von der Verstärkung des Schlagwerkes*

Carl Orff und Wieland Wagner

abgesehen, kamen noch Klaviere, Celesta, Glasharfe, sechs Posaunen und Organon hinzu.[203]

Gleich zu Beginn des Mythos entreißt Oedipus dem Seher Tiresias die Wahrheit, daß er, der König, der Mörder seines Vaters Laios ist und nun mit seiner leiblichen Mutter in Blutschande lebt.

> Kund wird er aber seyn, bei seinen Kindern wohnend,
> als Bruder und als Vater, und vom Weib, das ihn
> gebahr, Sohn und Gemahl, in Einem Bette mit
> dem Vater und sein Mörder, geh hinein! bedenk's!
> Und findest Du als Lügner mich, so sage,
> daß ich die Seherkunst jetzt sinnlos treibe.

Oedipus bedenkt des Sehers Worte, befragt sich und die anderen, forscht ruhelos, erfährt die grauenvolle Wahrheit und richtet sich schließlich selbst: nach dem Tod der Jokaste blendet er sich mit der Spange ihres Kleides. Der Schlußchor der Alten verweist auf das Schicksal der Sterblichen:

Szenenfoto zu «Oedipus». Gerhard Stolze als Oedipus, Fritz Wunderlich als Tiresias

> Darum schauet hin auf jenen, der zuletzt erscheint, der Tag,
> der da sterblich ist, und preiset glüklich keinen, ehe denn er,
> an des Lebens Ziel gedrungen, Elend nicht erfahren hat.

Im Gegensatz zur *Antigonae*, in der von wenigen Stellen abgesehen gesungen wird, sind für den *Oedipus* eine Vielfalt von Sprech- und Deklamationsarten charakteristisch. Die rhythmisiert aufgezeichnete Sprechstimme, das frei gesprochene Wort auf Klanggrundlage (Tiresias-Szene), das Melodram, ein besonderes Zusammenwirken von frei gesprochenem Wort und Musik oder Klanggrund (Lebenserzählung des Oedipus), sowie «Sprech-Arien», eine sprachlich-gesangliche Annäherung auf rhythmischem Fundament, werden von Orff zur dramaturgisch-psychologischen Deutung der Tragödie eingesetzt. Musik, unterstützend, verstärkend und erhöhend, verwendet er nur dort, wo er sie für unerläßlich hält: *Die Musik bleibt das ganze Werk hindurch auf den Zentralton C bezogen, mit dem die Auftrittsrede des Oedipus beginnt, während in der Antigonae wechselnde Fundamenttöne das Spannungsgefüge der Szenenfolge bilden ...Der tragische Weg des Oedipus, vom «Schein» zum «Sein», sein ständiges Fragen, Ausforschen, Verhören verlangte nach Bewegtheit des Dialogs, die zu einem Deklamationsstil in verschiedenen Formen des Rezitativs führte. Ob frei, ob rhythmisiert, ob über Klanggrund gesprochen wird, ob das gesprochene Wort sich bis zum Gesang steigert, bestimmt die jeweilige dramatische Situation.*[204]

Die Uraufführung von *Oedipus der Tyrann* fand 1959 im Württembergischen Staatstheater in Stuttgart statt[205], das Orffs Gesamtwerk im Spielplan hat, außer *Astutuli* und seinem bis jetzt letztem Werk, dem szenischen Oratorium *De temporum fine comoedia, Das Spiel vom Ende der Zeiten.* Es wurde unter Herbert von Karajans musikalischer Leitung in der Inszenierung von August Everding 1973 in Salzburg uraufgeführt.

Carl Orff hat das Württembergische Staatstheater viele Jahre lang als «seine» Bühne betrachtet. Er nahm auch dort, 1959, den von der Universität Tübingen verliehenen Ehrendoktortitel entgegen.

Szenenfoto «De temporum fine comoedia».
Uraufführung 20. August 1973 in Salzburg

Prometheus

Von Prometheus berichten vier Sagen: Nach der ersten wurde er, weil er die Götter an die Menschen verraten hatte, am Kaukasus festgeschmiedet, und die Götter schickten Adler, die von seiner immer wachsenden Leber fraßen.

Nach der zweiten drückte sich Prometheus im Schmerz vor den zuhackenden Schnäbeln immer tiefer in den Felsen, bis er mit ihm eins wurde.

Nach der dritten wurde in den Jahrtausenden sein Verrat vergessen, die Götter vergaßen, die Adler, er selbst.

Nach der vierten wurde man des grundlos Gewordenen müde. Die Götter wurden müde, die Adler wurden müde, die Wunde schloß sich müde.

Blieb das unerklärliche Felsgebirge. – Die Sage versucht, das Unerklärliche zu erklären. Da sie aus einem Wahrheitsgrund kommt, muß sie wieder im Unerklärlichen enden.

Franz Kafka
(«Prometheus», 1918)

Aischylos, dem Schöpfer der griechischen Tragödie, wandte Carl Orff sich in den sechziger Jahren zu. Die Figur des Prometheus, von Aischylos selbst umgestaltet, aus älteren Göttern in Düsteres, Großartiges verwandelt, und Io, die gehörnte Mondjungfrau, von Aischylos in die Handlung eingeführt, beschäftigten ihn und ließen ihn nicht mehr los. Orff wagte Außergewöhnliches: er behielt den Aischyleischen griechischen Urlaut bei und faßte den Mythos in neun Szenen. In wilder Urlandschaft muß Hephaistos, der Gott des Feuers und der Schmiedekunst, Prometheus an einen Felsen schlagen. Prometheus klagt sein unermeßliches Leid. Doch er hatte sich Zeus widersetzt, hatte das Feuer gestohlen und es den Menschen geschenkt, die Zeus vernichten wollte. Okeanos' Töchter, die Okeaniden (der Chor des Stückes) kommen, hören Prometheus' Geschick, fühlen und erwägen mit ihm. Auch Okeanos, der Weltenstrom, eilt auf einem Flügelroß herbei, den Gefesselten zur Vernunft und zur Nachgiebigkeit mahnend; Prometheus jedoch lehnt ab. In der sechsten Szene stürzt Io, von Zeus in schwere Not ge-

1976

bracht, am Fuß des Felsens nieder. Als Prometheus Hermes, dem Boten des Zeus trotzt, spaltet ein Blitz das Gebirge und Prometheus versinkt mit den Okeaniden in der Unterwelt.

Orffs *Prometheus* ist keine Vertonung im üblichen Sinn. Die Musik dient auch hier nur der Deutung dieser einzigartigen Dichtung, an deren Echtheit die Altphilologie immer noch zweifelt. Sie verweist dabei auf Ungewöhnliches im Versmaß und auf eine den übrigen Dramen des Aischylos nicht eigene Schlichtheit der Sprache. Orff hält nur an wenigen Stellen des *Prometheus* an dem originalen zweisilbig-jambischen Trimeter fest, löst im übrigen dieses Versmaß auf und stilisiert es eigenwillig in einen dreisilbigen Pentameter um. Diesem fügt er gleichhebige Silben verschiedener Anzahl hinzu, die er in einen Dreierrhythmus, also in einen ungeraden Rhythmus umsetzt. Er erklärt dieses Verfahren folgendermaßen: *Ich wollte nicht im ursprünglichen Versmaß schreiben. Die Sänger lernten den griechischen Text in «meinem» Versmaß leichter.*[206]

In «seinem» Metrum komponierte er für den trotzigen Prometheus, dessen Rolle mehr als eine Stunde im Ablauf der fast zweistündigen Tragödie einnimmt, lange Strecken der Meditation und der Wechselrede mit dem Chor der Okeaniden, der unglücklichen kuhgehörnten Io, dem Gott des Ozeans und dem Boten des Zeus in einem Sprechvortrag, der auf einem Ton oder in wechselnder Stimmlage erklingt. Gesang erscheint außer in der Rolle des Prometheus nur in der großen Szene mit der gejagten Io und an einigen Chorstellen, in denen Sopran und Mezzosopran solistisch hervortreten, sowie in den Chören selbst.

Ein Instrumentarium von riesigem Ausmaß akzentuiert das Werk: vier Klaviere mit acht Spielern, sechs Flöten, sechs Oboen und sechs Posaunen, vier Banjos, vier Harfen, eine Orgel und eine Elektronenorgel, Donner- und Windmaschine sowie Schlagwerk aus aller Herren Länder, darunter fernöstliche Idiophone, lateinamerikanische Rasseln und Klappern, japanische und afrikanische Trommeln, die zusätzlich ein fremdartiges Timbre ins Orchester bringen.

Die überlieferte musikalische Durchführungs- und Entwicklungsform fehlt auch im *Prometheus*. Wesentliche Gestaltungsprinzipien sind die Wiederholung und Akkumulation von Akkorden, weiträumige Dauerklänge, auskomponierte stationäre Verläufe, frenetische Ostinati und auf- und abrasende Melismen.[207] Die tonale Substanz des Werkes ist von Chromatismen durchsetzt.

Carlos Alexander, im modernen Sakko an der Bühnenrampe stehend, sprach und sang die Titelrolle in der Stuttgarter Uraufführung.[208] Über ihm hing eine überlebensgroße Figur. Es war der metallisch funkelnde Prometheus, mit beweglichem Kopf und atmendem, gemartertem Körper, gefesselt und an den Felsen geschmiedet.

Der geschundene Prometheus ist es, den Carl Orff schildert, dem er

122

Stimme verleiht. So setzte er als Motto über sein Werk den im Fragment des «Befreiten Prometheus» erhaltenen Titanenchor:

> Wir sind gekommen,
> All deine Leiden, Prometheus,
> Und der Fesselung Qual anzuschauen.

Diese Monographie wurde wenige Wochen vor Carl Orffs 85. Geburtstag am 10. Juli 1980 abgeschlossen.

Der Jubilar nahm an den Ehrungen zu seinem Festtag regen Anteil, besonders an der Wiederaufnahme der Griechendramen und seines *Spiels vom Ende der Zeiten (De temporum fine comoedia),* der Vigilia, in der es nur ein Movens gibt: das Wort. Das Wort der Comoedia, das aus den griechischen Versen der sibyllinischen Weissagungen kommt, aus Orphischen Hymnen, aus lateinischen Carmina und aus Orffs eigenen Texten, und das von einer rhythmischen Formulierung erfaßt und gestaltet ist, die es fremd und neu und uralt erscheinen läßt.

Carl Orff, DDr. h. c., Ehrenbürger der Städte München und Salzburg, Ordentliches Mitglied der Bayrischeń Akademie der «Schönen Künste» und Träger hoher und höchster Auszeichnungen, starb am 29. März 1982 nach langer, schwerer Leidenszeit in München.

In der Klosterkirche zu Andechs am Ammersee bei München wurde er am 3. April 1982 beigesetzt.

Das, was an ihm sterblich war, ruht in der Schmerzhaften Kapelle unter dem barocken Porträt des Wittelsbacher Herzogs Albrecht III. von Bayern, dem Stifter der alten Abtei Andechs und Ehegemahl der Agnes Bernauer, Orffs bayerischer Antigonae, wie er sie oft nannte.

Dem dritten Teil der Vigilia, seinem letzten opus, entlieh Carl Orff, gleichsam als Zeugnis des Endes seines irdischen Wirkens, die Stimme der Erde, der vox mundana: VENIO AD TE.

Anmerkungen

Zitate aus «Carl Orff und sein Werk», Dokumentation, bei Hans Schneider, Tutzing (BRD) erschienen (siehe Literaturverzeichnis), werden unter dem Kurztitel D und der Bandnummer zitiert.

Für Zitate ohne eigene Anmerkungsziffer gilt in der Regel noch der mit der vorangehenden Anmerkungsziffer angegebene Fundort.

1 D I, S. 16f – Kaspar Josef Koestler, Zwey merkwürdige Jahre meines Lebens vom 13. Februar 1812 bis zum 24. April 1814. Oder meine Kriegsgefangenschaft in Russland.

2 Ebd., S. 19

3 Ebd., S. 12 – Joseph Gungl (1828–83) galt nach Johann Strauß, Vater und Sohn, und Joseph Lanner als der führende Tanzkapellmeister seiner Zeit. Er lebte zeitweise in München.

4 Festschrift «100 Jahre Orchesterverein Wilde Gung'l», hg. von Franz Trenner, o. J. und Paginierung. Obwohl sich Joseph Gungl ohne Apostroph schrieb, bezieht sich der Vereinsname auf ihn.

5 D I, S. 26

6 Festschrift «100 Jahre Orchesterverein Wilde Gung'l» (s. o.)

7 D I, S. 26

8 Ebd., S. 11

9 Ebd., S. 9

10 Ebd., S. 10

11 Ebd., S. 14

12 Ebd., S. 12f

13 Ebd., S. 21

14 Ebd., S. 22f

15 Carl J. Burckhardt, Memorabilien, München 1977, S. 129

16 D I, S. 11 – In Orffs Komödie *Astutuli* erscheint Onuphrius wieder. Siehe Carl Orff, *Bairisches Welttheater*, München o. J., S. 85f

17 Ebd., S. 15

18 Ebd., S. 35

19 Ebd., S. 38, 20 Ebd.

21 Ebd., S. 39

22 Ebd., S. 36 – Goggolori = kleiner Kobold, Hutzelmann. Am Ammersee heute noch in der Umgangssprache bekannt. (Siehe dazu Carl Orff, *Bairisches Welttheater*, München o. J., S. 89f) Schätterhex: lebhaftes, schwatzhaftes weibliches Wesen

23 Ebd., S. 30

24 Ebd., S. 40

25 Ebd., S. 41

26 Ebd., S. 42

27 Werner Thomas, Der Weg zum Werk, in: Carl Orff und sein Werk, Band I, Frühzeit, Tutzing 1975, S. 83 f

28 D I, S. 96

29 Ebd., S. 42 f

30 Ebd., S. 44

31 Anton von Webern, Weg und Gestalt, Zürich 1961, S. 25

32 D I, S. 52 f

33 Ebd., S. 45

34 Ebd., S. 46

35 Ebd., S. 46 f

36 Ebd., S. 57 f; vgl. dazu Thomas, Werner, Carl Orffs Skizzen zu Maeterlincks «Treibhausliedern» (1913) in: Bericht über den Internationalen Musikwissenschaftlichen Kongreß Berlin 1974, Kassel 1980, S. 448 ff

37 Ebd. S. 58

38 Ebd., S. 60

39 Walter Panofsky, Musiker, Mimen und Merkwürdigkeiten im Hof- und Nationaltheater, München 1963, S. 161

40 D I, S. 61

41 Ebd., S. 144

42 Ebd., S. 145

43 Ebd., S. 64

44 D II, S. 7

45 Ebd., S. 121

46 Ebd., S. 8

47 Hans Ferdinand Redlich, Claudio Monteverdi, Olten 1949, S. 13 f

48 D II, 121

49 Ebd., S. 14

50 Ebd.

51 Ebd., S. 15

52 Die Partitur des «Orfeo» enthält alle Vokalpartien, auch die Instrumente sind aufgeführt, jedoch nur gelegentlich die Verteilung der verschiedenen Stimmen auf die Instrumente. Der Generalbaß ist sparsam ausgesetzt und der Kenntnis des Interpreten anheimgestellt.

53 D II, S. 20

54 Ebd., S. 25 f

55 Ebd., S. 70 f

56 Ebd., S. 119: *Lamento, die Klage, Wehklage, das Klagelied, ist ein echter Renaissance-Begriff und eine in dieser Zeit des aufbrechenden Subjektivismus besonders beliebte musikalische Ausdrucksform. Unter dem Begriff der Klage faßte ich das «Lamento d'Arianna», die Klage der Frau, «Orfeo», das Klagelied des Mannes, und als Satyrspiel die Klagen der törichten Mädchen zusammen.*

57 Ebd.

58 Wolfgang Osthoff, Das dramatische Spätwerk Claudio Monteverdis, Tutzing 1960, S. 17

59 D II, S. 130 – Uraufgeführt am 11. Dezember 1928 von Anna Barbara Speckner unter der Leitung von Karl List.

60 Ebd., S. 193f
61 Ebd., S. 141f
62 Ebd., S. 149f
63 Ebd., S. 153f
64 Ebd., S. 176
65 Ebd., S. 177
66 Carl Orff, *Das Schulwerk – Rückblick und Ausblick*, in: Orff-Institut, Jahrbuch 1963, Mainz 1964, S. 13
67 D III, S. 7
68 Mary Wigman, Die Sprache des Tanzes, Battenberg 1963, S. 42
69 D III, S. 8f
70 Carl Orff, *Das Schulwerk – Rückblick und Ausblick*, in: Orff-Institut, Jahrbuch 1963, Mainz 1964, S. 16
71 D III, S. 12f
72 D III, S. 15
73 D III, S. 17
74 Dorothee Günther, Das Orff-Schulwerk als elementare Musikübung für Gymnastiker und Tänzer, in: Wilhelm Twittenhoff, Orff-Schulwerk, Einführung in Grundlagen und Aufbau, Mainz–Leipzig 1935, S. 32
75 Thrasybulos Georgiades, Musik und Rhythmus bei den Griechen, Hamburg 1958, S. 53
76 Ebd., S. 7
77 D III, S. 17
78 Ostinato: eine ständig sich wiederholende melodische, rhythmische oder harmonische Substanz
79 D III, S. 22
80 Bordun: a) ein ausgehaltener Mehrklang aus Grundton und Quinte, oder Grundton, Quinte und Oktave (siehe Dudelsack und Drehleiher), b) zum Bordunklang ein Wechsel weniger Töne im Ostinato = der schweifende Bordun
81 D III, S. 28f
82 Gunild Keetman, Erinnerungen an die Günther-Schule, in: Robert Münster und Renata Wagner, Das Orff-Schulwerk, Ausstellungskatalog 18 der Bayerischen Staatsbibliothek München, Tutzing 1978, und in: Orff-Schulwerk Informationen 23/1979
83 D III, S. 30
84 Pentatonik: halbtonlose fünfstufige Tonreihe
85 D III, S. 66
86 Ebd., S. 67
87 Keetman, a. a. O., S. 15, 9
88 D III, S. 67
89 D III, S. 89
90 Carl Orff, *Vom Kaffernklavier zum Schulwerk-Xylophon*, in: Allgemeiner Schulanzeiger Nr. 3, Freiburg 1969, und in Musikerziehung 3/1975
91 D III, S. 103
92 Ebd., S. 104
93 Das Orff-Instrumentarium ist in der Dokumentation, Band III, abgebildet
94 Carl Orff, *Vom Kaffernklavier zum Schulwerk-Xylophon*, a. a. O.
95 D III, S. 115

96 Ebd.

97 Ebd., S. 206

98 Ebd., S. 199

99 Eberhard Preussner, Leo Kestenberg zum 70. Geburtstag, in: Musik im Unterricht, XLIII/1952

100 D III, S. 203

101 Rudolf Sonner, Musik aus Bewegung, in: Die Musik, XXIX/11, August 1937

102 Ebd., S. 209f

103 Ebd., S. 212

104 Walter Panofsky, Orff-Schulwerk im Rundfunk, in: Orff-Institut, Jahrbuch 1962, Mainz 1962, S. 70, und in D III, S. 216

105 D III, S. 214

106 Ebd., S. 212

107 Ebd., S. 218

108 Ebd., S. 219

109 Dr. Eberhard Preussner (1899–1964) war seit 1948 Direktor des Salzburger «Mozarteum»

110 Carl Orff, *Das Schulwerk – Rückblick und Ausblick*, in: Orff-Institut, Jahrbuch 1963, Mainz 1964, S. 17 – Traude Schrattenecker, Günther-Schülerin und Schülerin von Mary Wigman, war die erste Mitarbeiterin Gunild Keetmans. Die weiteren Mitarbeiter der frühen Schulwerkkurse in Salzburg waren Schülerinnen von Gunild Keetman

111 Alle Zitate, die der Anmerkungsziffer 111 folgen, wurden den bei Schott, Mainz, erschienenen fünf Bänden Carl Orff – Gunild Keetman, Musik für Kinder, 1950–1954, entnommen

112 Neben dem Präsidenten der Akademie «Mozarteum», Dr. Eberhard Preussner, ist die Gründung wesentlich dem damaligen Minister für Unterricht und Kunst, Dr. Heinrich Drimmel, dem damaligen Finanzminister Dr. Josef Klaus sowie dem damaligen Sektionsrat Dr. Erwin Thalhammer zu danken. Der wichtigste Helfer beim Aufbau von Zentralstelle und Seminar war Willibald Götze, der treue und noble Freund Carl Orffs. (D III, S. 9, 242)

113 Hermann Regner, Orff-Schulwerk heute, Bestandsaufnahme und Ausblick, Bericht über eine Informationstagung am 15. Juli 1972, hg. vom Orff-Institut der Hochschule für Musik und Darstellende Kunst «Mozarteum» in Salzburg, Redaktion: Hermann Regner, S. 22

114 Wilhelm Keller, Ziele und Aufgaben des Instituts für Musikalische Sozial- und Heilpädagogik, in: Orff Schulwerk Informationen 13/1974, S. 2

115 Werner Thomas, Das Orff-Schulwerk – Impuls und Korrektiv in der heutigen Musikerziehung, in: Das Orff-Schulwerk, Ausstellungskatalog 18 der Bayerischen Staatsbibliothek, München, S. 7f, und in: Orff Schulwerk Informationen 22/1978, S. 2f

116 D IV, S. 38 – J. A. Schmellers Sammlung erschien 1847 in Stuttgart, 1904 unverändert in Breslau. – «O Fortuna, Deine Launen wechseln wie der Mond.» Übersetzung von Bernhard Bischoff, dem Herausgeber des Facsimile-Drucks der Carmina Burana, München 1967

117 D IV, S. 38

118 Ebd., S. 41

119 Ebd., S. 40

120 Die Uraufführung der *Carmina Burana* war am 8. Juni, nicht am 9. Juni 1937, wie Michel Hofmann irrtümlicherweise schrieb.

121 Der Briefwechsel zwischen Carl Orff und Michel Hofmann – ein bedeutender Teil der Werkstattgeschichte der *Carmina Burana* – galt jahrzehntelang als verloren. Er wurde vor kurzem durch einen Zufall wiederentdeckt. Einen ersten Einblick bietet der in der Halbjahreszeitschrift der Gesellschaft für Bayerische Musikgeschichte «Musik in Bayern», Heft 23/1982, Tutzing 1982, veröffentlichte Aufsatz von Frohmut Dangel-Hofmann «Zur Entstehungsgeschichte der *Carmina burana*» – Der Briefwechsel Carl Orff–Michel Hofmann». Eine Publikation des gesamten Briefwechsels ist beabsichtigt.
Michel Hofmanns metrische Übersetzung der *Carmina Burana* wurde später durch die freie Übersetzung Wolfgang Schadewaldts ersetzt.
Orff hatte im Klavierauszug des Jahres 1937 die Lieder der Handschrift folgendermaßen geordnet: O Fortuna. Pars prima: Veris leta facies. Floret silva. Pars altera: In taberna. Pars tertia: Amor volat. O Fortuna.
Die heute gebräuchliche Einteilung der *Carmina Burana* entspricht einer späteren Ausgabe des Klavierauszugs. Siehe dazu Frohmut Dangel-Hofmann «Zur Entstehungsgeschichte der *Carmina burana* – Der Briefwechsel Carl Orff–Michael Hofmann», S. 13 ff.

122 D IV, S. 42

123 Der Zwiefache «Floret silva» (Es grünt der Wald) gehört zu den in Bayern und in der Oberpfalz verbreiteten Volkstänzen, die im Wechsel geraden und ungeraden Takt verwenden.

124 Die Lieder des Archipoeta, Lateinisch und Deutsch, Übersetzung und Nachwort von Karl Langosch, Reclam 1977, S. 49

125 «frei, improvisierend, gestikulierend und recht spöttisch»

126 D IV, S. 66

127 Peter Raabes Erklärungen in Darmstadt über die Auflösung des Allgemeinen Deutschen Musikvereins, in: Allgemeine Musikzeitung, Nr. 30, Juli 1937, 64. Jahrgang, auch in: Das Ende des Allgemeinen Deutschen Musikvereins, in: Die Musik, XXIX/10, Juli 1937

128 Werner Thomas, Orff-Bühne und Theatrum Emblematicum. Zur Deutung der Szene in Orffs «Trionfi», in: Orff-Institut, Jahrbuch III, Mainz 1969, S. 146 ff

129 D IV, S. 43

130 Thrasybulos Georgiades (1907–77) schreibt in: Musik und Sprache. Das Werden der Abendländischen Musik, dargestellt an der Vertonung der Messe, Berlin–Göttingen–Heidelberg 1954, S. 134: «... Daneben gab es aber eine andere, im engeren Sinn neue Musik, die nicht unmittelbar von der Hauptlinie der abendländischen Tradition abzuleiten ist, die es sich gleichsam gestatten durfte, unbekümmert naturalistisch zu sein. Durch Mussorgski (Boris Godunow 1871), Bizet (Carmen 1875), auch durch Verdi (z. B. Otello 1887) wurden der Musik frische Kräfte zugeführt. Über Debussy und Strawinsky wirken sie bestimmend bis in unsere Gegenwart.»

131 D IV, S. 7 – Catulls Distichon in der Übersetzung von Mörike: «Hassen und lieben zugleich muss ich. – Wie das? – Wenn ich's wüsste! Aber ich fühl's, und das Herz möchte zerreissen in mir.» In: O. Weinreich, Die Distichen des Catull, Tübingen 1926, S. 35

132 D IV, 27

133 Wolfgang Fortner, Vesper adest (Hesperus ist da) für Soli, Chor und Kammer-orchester. Günter Wand, Odi et amo, Kantate für Solosopran und kleines Orchester. Franz Tischhauer, Lesbia-Zyklus. Albrecht Gürsching, Odi et amo (und andere Verse) für Tenor mit Klavierbegleitung. Karl Marx, Quattuor Carmina Latina für gemischten Chor op. 64 nach Catull und Horaz. Zitiert nach Otto Weinreich, Catull, Liebesgedichte und sonstige Dichtungen, Reinbek bei Hamburg 1960, S. 146

134 D IV, S. 92

135 Andreas Liess, Die Musik des Abendlandes im geistigen Gefälle der Epochen, Wien–München 1970, S. 231

136 D IV, S. 92

137 Carl Orff berichtet im Band III seiner Dokumentation, S. 71, über Klangstudien, klingende Verse, wie er das von dem römischen Kaiser Hadrian überlieferte «Sterbelied an seine Seele» nannte: ... *Hier fand ich Gelegenheit, das Gedicht mit einer Art Beschwörung zu beginnen ... Animula vagula blandula ...*

138 «Ach, deine schmeichelnden holden schwellenden holden, ach, deine Lippen.» (Deutsche Übertragung von Rudolf Bach in: Beilage zur Schallplattenaufnahme der «Trionfi». Vom Komponisten autorisierte Aufnahme, Leitung Ferdinand Leitner)

139 Rumoresque senum severiorum omnes unius aestimemus assis

140 «Schlafe noch!»

141 Zitiert nach Kröner, Wörterbuch der Antike, Stuttgart 1963, S. 591

142 D IV, S. 146

143 Ebd., S. 147 f

144 Winfried Zillig, Die neue Musik. Linien und Porträts. München 1963, S. 206 f

145 «Der Sperling ist tot» – «Du musst nicht weinen! Für Dich, liebe Braut, ist keine Gefahr»

146 D IV, S. 176

147 Ebd., S. 178

148 Ebd., S. 180

149 Ebd., S. 183 f, auch in: Hellas und Hesperien, Zürich 1960

150 Carl Gustav Carus, Gedanken über grosse Kunst, Leipzig 1944, S. 6

151 D V, S. 219

152 Ebd., S. 226 f

153 Ebd., S. 227

154 Gustav Rudolf Sellner, Carl Orff und die Szene, in: Carl Orff, ein Bericht in Wort und Bild. Mainz[2]/1960, S. 26 ff

155 Zitiert D V, S. 230

156 Die Fassungen der Bühnenmusik zum «Sommernachtstraum»:
1. 1917, unvollendet, z. T. wiederverwendet in der Musik zu Büchners «Leonce und Lena». Stilistisch zwischen Richard Strauss («Ariadne») und Claude Debussy («Pelléas und Mélisande»)
2. um 1925, unvollendet
3. 1938, für kleine Opernorchesterbesetzung; zurückgezogen. Uraufführung: Frankfurt, 16. 10. 1939
4. 1943, unter Verwendung von Teilen aus den Fassungen 2 und 3. Nicht aufgeführt und zurückgezogen.

5. 1952. Weitgehende Neugestaltung. Uraufführung: Darmstadt, 30. 12. 1952
6. 1962, endgültig letzte Fassung, unter Verwendung von Tonbändern und Lautsprechern neben den realen Orchestern vor und auf der Bühne. Uraufführung: 12. 3. 1964 in Stuttgart

157 D V, S. 11
158 Ebd., S. 46
159 Ebd., S. 14
160 Ebd., S. 92 oder Studienpartitur
161 Ebd., S. 107 oder Studienpartitur
162 Ebd., S. 110
163 Ebd., S. 111
164 Ebd., S. 112
165 In: Carl Niessen, Die deutsche Oper der Gegenwart, Regensburg
166 D V, S. 158f und Studienpartitur, 7. Szene, 1944, Mainz 1957
167 D V, S. 116
168 Die Deutschen Sprichwörter, gesammelt von Karl Simrock, wiederaufgelegt in: 12000 Deutsche Sprichwörter. Nach der Ausgabe von 1846. Bibliophile Taschenbücher Nr. 37, Harenberg Kommunikation 1979
169 D V, S. 197
170 Studienpartitur Mainz 1957, Beginn der 1. Szene
171 Regie: Günther Rennert. Bühnenbild: Helmut Jürgens. Musikalische Leitung: Otto Winkler
172 D V, S. 216
173 D VI, S. 18
174 Ebd. S. 17
175 Carl Haltaus (Hg.), Liederbuch der Clara Hätzlerin, mit einem Nachwort von Hanns Fischer, Berlin 1966
176 Zitiert nach Benno Hubensteiner, Bayerische Geschichte, München o. J., S. 137f
177 D VI, S. 18
178 Ebd., S. 18
179 Ebd., S. 19
180 Carl Orff, *Bairisches Welttheater*, München o. J., S. 57f
181 Kurt Huber und Kiem Pauli, Altbayerisches Liederbuch für Jung und Alt, Mainz 1936, Nr. 54 – Carl Orff, Brief an Kurt Huber, in: Kurt Huber zum Gedächtnis, hg. von Clara Huber, Regensburg 1947 – Thrasybulos Georgiades, Volkslied als Bekenntnis, Kurt Huber zum Gedächtnis. Wieder aufgelegt in: Thrasybulos Georgiades, Kleine Schriften, Tutzing 1977 – Robert Münster, Kurt Hubers musikwissenschaftliches Werk und Wirken, in: Schönere Heimat, Bayerischer Landesverein für Heimatpflege, München, 4/1973. In memoriam Kurt Huber
182 Ludwig Rosenberger, Wanderungen zu Alfred Kubin. Aus dem Briefwechsel. München 1969, S. 110f, und Robert Münster, «Carl Orff und Alfred Kubin» in: Carl Orff, Astutuli, München 1980
183 Uraufführung der *Comoedia de Christi Resurrectione* am 21. April 1957 im Großen Haus der Württembergischen Staatstheater Stuttgart. Regie und Inszenierung: Wieland Wagner. Musikalische Leitung: Heinz Mende. Ernst Ginsberg als «Der Teufel»
184 Uraufführung des *Ludus de Nato infante mirificus* am 11. Dezember 1960 im

Großen Haus der Württembergischen Staatstheater Stuttgart. Musikalische Leitung: Heinz Mende. Inszenierung: Paul Hager. Mila Kopp als «Eine Hexe» und «Eine alte Hexe»

185 Richard Strauss, Elektra. Tragödie in einem Akt. Textbuch: Hugo von Hofmannsthal. Uraufführung: 25. Januar 1909 in Dresden

186 D VII, S. 10

187 Wolfgang Petzet, Die Münchner Kammerspiele 1911–1972, München 1973, S. 115f

188 D VII, S. 10

189 Ebd., S. 21

190 Hölderlin begann mit der Nachdichtung der Sophokleischen Tragödien «Antigone» und «Oedipus» um 1800. 1801 begab er sich auf seine letzte Wanderschaft nach Bordeaux. Im Juni 1802 starb Susette Gontard. 1804 erschienen die Sophokles-Übersetzungen bei Friedrich Wilmans in Frankfurt

191 D VII, S. 22

192 Ebd., S. 24

193 Ebd., S. 25

194 Die Trog-Xylophone in Tenor- und Baßlage wie auch das aus abgestimmten Platten bestehende Steinspiel hatte Karl Maendler eigens für die *Antigonae* gebaut: *Die neuen Großformen ermöglichten den für die Antigonae charakteristischen großflächigen Bordun- und Ostinatostil, der zu einem nie deckenden Klanggrund und Klangraum für die Gesangsstimmen führte.* (D VII, S. 24)

195 D VII, S. 40

196 Ebd., S. 88

197 Ebd., S. 171

198 Ebd., S. 171f

199 Dirigent der Uraufführung war Ferenc Friscay, Oscar Fritz Schuh inszenierte, das Bühnenbild und die Kostüme wurden von Caspar Neher entworfen. Res Fischer sang die «Antigonae»

200 Carl Orffs Nachruf auf Wieland Wagner ist in Band VII, S. 192f der Dokumentation abgedruckt: *Triste, triste, triste! Wagner e morto. So schrieb Verdi, als er im Februar 1883 den Tod des Meisters erfuhr. Triste, triste, triste. Wieland e morto. So klagen wir heute um den Tod des großen Enkels ... Wielands Inszenierungen sind Neudeutungen, die durch bisher ungeahnte Tieflotungen entstehen konnten. Die Wirkung auf alle, die dem Wagnerschen Werk irgendwie verbunden waren, war tief erregend und reichte von begeisterter Zustimmung bis zu fanatischer Ablehnung.*
Wielands entscheidende Tat ist einem Erdbeben zu vergleichen. Alte Tabus brachen zusammen, neue Sichten erhoben sich, eine neue geistige Landschaft trat zutage. Fakten, die nie mehr zu umgehen sind, Gräber und Auferstehungen und noch weit wirkende Befreiungen kennzeichnen Wielands Werk ...

201 Thrasybulos Georgiades, Zur Antigone-Interpretation von Carl Orff, in: Kleine Schriften, Tutzing 1977. S. 227ff

202 Luise Rinser in einem Brief (19. 4. 1979) an Lilo Gersdorf: «... daß ich ihn [C. O.] zum 1. Mal wirklich begriff d. h. erkannte, als wir zusammen in Mykene waren und er ganz allein vor einem dunkeln Himmel stand, an diesem schauerlichen Ort, an dem seine Tragödien-Opern spielen: hieher gehört er, nicht nach dem lieblichen Oberbayern, dessen tröstliche Anmut er immerzu heimwehkrank suchte und nie fand. Für mich war er seither ein erratischer

Block, aus uralten Zeiten, aus der griechischen Antike, in Oberbayern ange-
spült, ein Fremdling, in sich zerrissen und überaus leidend ... Siehe auch
Luise Rinser, «Kriegsspielzeug», Tagebuch 1972–1978, Frankfurt a. M. 1978.
S. 236f

203 D VII, S. 209

204 D VII, S. 210

205 Musikalische Leitung: Ferdinand Leitner. Inszenierung: Günther Rennert.
Bühnenbild und Kostüme: Caspar Neher. Chor: Heinz Mende. Oedipus:
Gerhard Stolze

206 Carl Orff in einem Gespräch mit Lilo Gersdorf am 28. November 1979

207 Melisma: Bezeichnung für Melodien oder Melodieteile, die auf eine Silbe gesungen werden. Bei Orff wichtige intensive Akzente im vokalen wie im instrumentalen Bereich

208 Carl Orff, Prometheus. Der gefesselte Prometheus des Aischylos. – Uraufführung am 24. März 1968 im Großen Haus des Württembergischen Staats-
theaters Stuttgart. Musikalische Leitung: Ferdinand Leitner. Inszenierung:
Gustav Rudolf Sellner. Bühnenbilder und Kostüme: Teo Otto. Chor: Heinz
Mende. Carlos Alexander als Prometheus, Althea Bridges als Io

Zeittafel

1895	Geboren am 10. Juli in München
1898	Die Schwester Maria (Mia) wird geboren
1900	Lernt Klavier spielen. Erste musikalische Aufzeichnungen auf der Schiefertafel
1904	Größere und kleinere Musikstücke für das eigene Puppentheater und Gedichte
1912–1914	Studium an der Akademie der Tonkunst in München
1914	Weiterstudium bei Hermann Zilcher
1916	Kapellmeister in den Münchner Kammerspielen
1917	Zum Kriegsdienst im Ersten Bayerischen Feldartillerie-Regiment. An der Ostfront verschüttet
1918	Als Kapellmeister zu Wilhelm Furtwängler an das Nationaltheater Mannheim und an das Großherzogliche Hoftheater Darmstadt
1920–1925	Verheiratet mit Alice Solscher
1920	Studiert bei Heinrich Kaminski in Ried/Oberbayern
1921	Geburt der Tochter Godela
1923	Orff lernt Dorothee Günther kennen
1924	Gründung der Günther-Schule in München
1925	Uraufführung des *Orpheus*, der freien Nachgestaltung des «L'Orfeo» von Claudio Monteverdi
1930	*Entrata* nach William Byrd in Königsberg. – Erste Schulwerkausgaben, später zurückgezogen
1937	Uraufführung der *Carmina Burana*
1939	Uraufführung *Der Mond*
1939–1953	Verheiratet mit Gertrud Willert
1943	Uraufführung der *Klugen* und der *Catulli Carmina*
1947	Uraufführung der *Bernauerin*
1948	Die erste Schulfunksendung *Orff Schulwerk. Musik für Kinder* im Bayerischen Rundfunk
1949	Uraufführung der *Antigonae*
1950–1954	Das *Orff Schulwerk. Musik für Kinder* erscheint bei Schott in Mainz
1950–1960	Leiter der Meisterklasse «Komposition» an der Hochschule für Musik in München
1953	Uraufführung des *Trionfo di Afrodite*
1954–1959	Verheiratet mit Luise Rinser
1956	«Pour le mérite» für Wissenschaften und Künste
1959	Uraufführung des *Oedipus der Tyrann*
1959	Dr. h. c. der Universität Tübingen

1960	Heirat mit Liselotte Schmitz
1962	Vorträge über das *Schulwerk* in Japan und Kanada
1963	Vorträge über das *Schulwerk* in Portugal
1966	Vorträge in Ägypten und im Senegal, letzteres auf Einladung der Deutschen Afrika-Gesellschaft
1968	Uraufführung des *Prometheus*
1972	Dr. h. c. der Universität München, Großes Verdienstkreuz mit Stern und Schulterband der Bundesrepublik Deutschland
1973	Uraufführung von *De temporum fine comoedia. Spiel vom Ende der Zeiten. Vigilia*
1975–1981	Arbeit an der Dokumentation «Carl Orff und sein Werk» in acht Bänden
1982	Gestorben am 29. März in München

Zeugnisse

Es ist das erstemal, daß ich die uns vorschwebende neue Darstellungsform in solcher Vollendung sehe. (Nach der Uraufführung der *Carmina burana*)

Rudolf von Laban. 1937

... danke ich Ihnen besonders für Ihren warmherzigen Brief, der – getreues Spiegelbild des Autors der *Carmina* – von derselben Wahrhaftigkeit erfüllt ist, die mir an Ihrem Werke so sympathisch war. Die Stilreinheit dessen, seine ungekünstelte Sprache, frei von jeder Pose und jedem Schielen nach links oder rechts geben mir die Gewißheit, daß Sie der Bühne noch ein wertvolles Werk schenken werden, wenn Sie einen Ihrer Natur und Ihrer Begabung adäquaten Stoff fänden. Denn wenn Sie schon von der Zukunft sprechen, eine Weiterentwicklung sehe ich doch nur auf dem Theater.

Richard Strauss. 1942

Carl Orff hat niemals nur Musik machen wollen. Es ging ihm nie um eine musikalische Aussage allein, sondern stets um eine geistige Auseinandersetzung. Er hat sie in den verschiedensten Bereichen gesucht und gefunden, die nur scheinbar weit auseinanderliegen, in Wahrheit aber eng benachbart sind. Wen es erstaunt, daß ein Carl Orff einst Märchenstoffe der Brüder Grimm in Musik setzte, – der gleiche Carl Orff, der heute mit Aischylos und dem Gefesselten Prometheus beschäftigt ist, – wer sich darüber verwundert, daß der gleiche Carl Orff, der die *Trionfi* schuf, gerade in den letzten Jahren soviel Zeit und Kraft auf sein *Schulwerk*, auf die *Musik für Kinder* verwandte, – der hat Orff nie begriffen. Denn die wahrhaft schöpferische Natur macht keine Sprünge: alles, was Orff schuf und was immer er noch schaffen wird, hat die gleiche Keimzelle, den gleichen Ursprung. Undenkbar, daß sich ein Carl Orff in seinen späten Tagen ändern und, sagen wir einmal, abstrakt gebärden könnte.

Wieland Wagner. 1965

Ursprache ist für Orff das Griechische noch in einem anderen Sinne als in dem der ursprünglichen Sprache einer griechischen Tragödie: es ist die ursprünglichste Sprache des europäischen Menschen. Dies hat seine historische Richtigkeit. Darüber hinaus behauptet sich die Ursprünglichkeit der griechischen Sprache bei Orff als eine zeitlose, durch alle Zeitalter dringende Qualität. Das Geheimnis jeder ursprünglichen Sprache ist, daß in ihr Sinn und Klang nicht nachahmungsweise, sondern wurzelhaft eins sind. Das ursprüngliche Wort tönt mit seinem Klang seinen Sinngehalt, vom Sprachkundigen richtig befragt, mit beinahe philosophischer Schärfe. Dem Wie und Warum, diesem Geheimnis vermochte noch keine Sprachphilosophie beizukommen, obwohl sie von ihm heute mehr als je gereizt wird. Es ist für unser geistesgeschichtliches «Heute» bezeichnend, daß sich ein besonderer Komponist als Zeuge und Erfahrener dieses Geheimnisses meldet und den Philologen, den seine Wissenschaft vor die Tatsache der tönenden Sinngehalte stellt, beglückt.

Karl Kerényi. 1968

Orffs Musik hat, schon seit den *Carmina burana*, etwas von dem in sich getragen, was die jüngere europäische Produktion, von ganz anderen Voraussetzungen ausgehend, zu andern Göttern betend, sich erst in den letzten Jahren progressiv zunutze macht. Umgekehrt zeigt sich Orffs jüngste Arbeit für die moderne Musikbühne, der Prometheus des Aischylos, nicht unbeeindruckt von manchen Tendenzen und Trends der Avantgarde von heute: an einem über Siebzigjährigen, dessen Platz festgelegt erscheint, eine anmerkenswerte Beobachtung.

Harald Kaufmann. 1968

Orff ist für mich der unakademischste und undogmatischste Komponist, den ich kenne. Nicht die Pracht vieler Töne, sondern die Kraft weniger Töne ist es, die seine musikalische Sprache so faszinierend macht. Die dekorative Geste einer kulturgesättigten spätbürgerlichen Epoche fehlt bei ihm völlig. In seinem Spätwerk vor allem – und er hat eines im Gegensatz zu Richard Strauss – sind Sprache, Musik und Gebärde wieder zu einer Einheit geworden. Seine Nachwirkungen beginnen erst.

Wilhelm Killmayer. 1979

Werkverzeichnis

Frühe Arbeiten, mit opus-Zahlen bezeichnet, sind abhanden gekommen, wurden verschenkt oder sind verbrannt.

Die Pflichtarbeiten der Studienzeit an der Münchner Akademie wie auch die bis 1921 entstandenen Kompositionen (Carl Orff und sein Werk, Dokumentation, Band 1: Frühzeit, Tutzing 1975, S. 241 ff) befinden sich als Manuskript im Orff-Archiv.

Ab 1923 wurden alle Werke beim Verlag B. Schotts Söhne herausgegeben.

Bühnenwerke

1934/37 Carmina Burana
1937/39 Der Mond
1942/43 Catulli Carmina
1950/53 Trionfo di Afrodite
1941/43 Die Kluge
1944/47 Die Bernauerin
1945/53 Astutuli
1947/49 Antigonae. Ein Trauerspiel des Sophokles von Friedrich Hölderlin
1955/56 Comoedia de Christi resurrectione
1957/59 Oedipus der Tyrann. Ein Trauerspiel des Sophokles von Friedrich Hölderlin
1959/60 Ludus de Nato infante mirificus
1917/62 Ein Sommernachtstraum. Schauspiel von William Shakespeare, nach der Übersetzung von A. W. Schlegel, eingerichtet und mit Musik versehen von Carl Orff (6 Fassungen)
1963/68 Prometheus. Tragödie des Aischylos
1962/73 De temporum fine comoedia. Das Spiel vom Ende der Zeiten. Vigilia

Bearbeitungen

1925/40 Orpheus
L' Orfeo. Favola in musica di Claudio Monteverdi (1607) (3 Fassungen)
1925/40 Tanz der Spröden
Ballo dell' ingrate in genere rappresentativo di Claudio Monteverdi (1608) (2 Fassungen)
1925/40 Klage der Ariadne

Lamento d'Ariana di Claudio Monteverdi (1608) (2 Fassungen)
1930–1963 Entrata
nach William Byrd
1958 Lamenti
(Klage der Ariadne, Orpheus, Tanz der Spröden)
1923/73 Präludium und Kanon für Cembalo und Violen
Kanon für 4 Violen übernommen als Finale von «De temporum fine comoedia»

Werke für Chor und Instrumente

Lieder

Frühe Lieder (1911/1921) für eine Singstimme und Klavier
Einführung von Werner Thomas
1955 Die Sänger der Vorwelt
Elegische Hymne von Friedrich von Schiller
1956 Nänie und Dithyrambe
nach Gedichten von Friedrich von Schiller
1972 Rota
«Sumer is icumen in», Sommerkanon (13. Jahrhundert)

Kantaten nach Texten von Franz Werfel

1930 I Veni creator spiritus
II Der gute Mensch
III Fremde sind wir

Chorsätze nach Texten von Bertolt Brecht

1931 Von der Freundlichkeit der Welt
Vom Frühjahr, Öltank und vom Fliegen

Werke für a-cappella-Chor

1929 Cantus-firmus-Sätze
1942 Vier Chöre aus Catulli Carmina
1930 Zwei dreistimmige Chorsätze nach Bertolt Brecht und Franz Werfel
1930 Concento di voci
Sirmio, Tria Catulli Carmina
1954 Laudes creaturarum
quas fecit Beatus Franciscus ad Laudem et Honorem Dei
1956 Sunt lacrimae rerum, Cantiones seriae

Werke für Sprechchor

1969 Stücke für Sprechchor
1975 Stücke für Sprecher, Sprechchor und Schlagwerk

Das Schulwerk, Elementare Musikübung

1930/34 Orff-Schulwerk
  Sämtliche Hefte dieser ersten Schulwerk-Fassung (siehe Carl Orff und sein
  Werk, Dokumentation, Band III: Schulwerk, Elementare Musik, S. 285) sind
  vergriffen. Die Hefte E 2 (Spielstücke für kleines Schlagwerk/Keetman), G 1
  (Spielstücke für Blockflöte/Keetman), H 1 (Spielstücke für Blockflöte und kleines Schlagwerk/Keetman), Klavierübung 1 (Kleines Spielbuch/Orff), Geigen-
  übung 1 und 2 (Spiel- und Tanzstücke für eine bzw. zwei Geigen/Orff) wurden
  nach 1948 neu aufgelegt.

1950/54 Carl Orff–Gunild Keetman
  Orff Schulwerk
  Musik für Kinder
  Band I: Im Fünftonraum
                  Reime und Spiellieder/Rhythmisch-melodische Übung I
  Band II: Dur: Bordun und Stufen
                  Bordun im Sechstonraum
                  Bordun im Siebentonraum
                  Stufen
                  Die erste und die zweite Stufe
                  Die erste und die sechste Stufe
  Band III: Dur: Dominanten
                  Die fünfte Stufe
                  Andere Tonarten
                  Die vierte Stufe
                  Mit Septen und Nonen
  Band IV: Moll: Bordun
                  Äolisch
                  Dorisch
                  Phrygisch
                  Stufen: Die erste und die siebente Stufe
                          Die erste und dritte und andere Stufen
  Band V: Moll: Dominanten
                  Die fünfte Stufe ohne Leitton
                  Die fünfte Stufe mit Leitton
                  Die vierte Stufe
                  Rhythmisch-melodische Übung II
                  Sprechstücke
                  Rezitativ/Finale

Die angegebenen Titel stellen eine den jeweiligen Band charakterisierende Auswahl dar. Die in jedem Band enthaltenen instrumentalen Spielstücke sind nicht
aufgeführt.

Die Weihnachtsgeschichte
Text: Carl Orff
Musik: Gunild Keetman
Der Text liegt in englischer, flämischer, niederländischer und schwedischer und in verschiedenen deutschen Dialektfassungen vor.

Paralipomena. Rezitation, Melodram, Sprechchor

Ergänzende und weiterführende Ausgaben sowie fremdsprachige Ausgaben des *Schulwerks Musik für Kinder* (amerikanisch, brasilianisch, kanadisch, chinesisch, dänisch, englisch, französisch, ghanesisch, griechisch, japanisch, lateinamerikanisch, niederländisch, portugiesisch, schwedisch, spanisch, tschechoslowakisch, walisisch) in:
Sonderprospekt ‹Orff-Schulwerk› des Verlages B. Schotts Söhne, Mainz (BRD), und in:
Carl Orff und sein Werk, Dokumentation, Band III: *Schulwerk, Elementare Musik,* Tutzing 1976.

Literaturhinweise

1. Schriften von Carl Orff

Carl Orff und sein Werk. Dokumentation
>   I. Carl Orff, Erinnerung. Werner Thomas, Der Weg zum Werk, Tutzing 1975
>   II. Carl Orff, Lehrjahre bei den alten Meistern. Tutzing 1975
>   III. Carl Orff, Schulwerk. Elementare Musik. Tutzing 1976
>   IV. Carl Orff, Trionfi. Carmina burana. Catulli carmina. Trionfo di Afrodite. Tutzing 1979
>   V. Märchenstücke. Der Mond. Die Kluge. Musik zum Sommernachtstraum. Tutzing 1979
>   VI. Bairisches Welttheater. Die Bernauerin. Astutuli. Ludus de nato infante mirificus. Comoedia de Christi resurrectione. Tutzing 1980
>   VII. Abendländisches Musiktheater. Antigonae. Oedipus der Tyrann. Tutzing 1981
>   VIII. Theatrum mundi. Prometheus. De temporum fine comoedia. Tutzing 1983

Bewegungs- und Musikerziehung als Einheit, in: Die Musik, 23. Jg., Berlin 1931
Gedanken über Musik mit Kindern und Laien, in: Die Musik, 24. Jg., Berlin 1932
Brief an Kurt Huber, in: Kurt Huber zum Gedächtnis. Regensburg 1947
Das Schulwerk am Mozarteum, in: Österr. Musikzeitung. Sonderheft 7/1963
Das Schulwerk – Rückblick und Ausblick, in: Orff-Institut, Jahrbuch 1963, Mainz 1964, und in: Orff-Schulwerk Informationen 4/1967
Musik zum Sommernachtstraum. Ein Bericht, in: Shakespeare Jahrbuch, Band 100, Heidelberg 1964, und in: Österreichische Musikzeitung, XV/1965
Memorandum. Forderung nach Einführung elementaren Musikunterrichts in Kindergarten und Volksschulen in Deutschland, in: Mitteilung der Deutschen Stiftung Musikleben, 9/1965, und in: Orff-Schulwerk Informationen 3/1966, auch in: Orff-Institut Jahrbuch III, 1964–1968, Mainz 1969
Erinnerungen an Caspar Neher, in: Caspar Neher, Bühne und bildende Kunst im XX. Jahrhundert. Herausgegeben von Gottfried von Einem und Siegfried Melchinger, Velber: Friedrich 1966
Denkschrift über die Einrichtung von Modellschulklassen mit erweitertem Musikunterricht an Volksschulen, in: Orff-Institut Jahrbuch III, 1964–1968, Mainz 1969, und in: Orff-Schulwerk Informationen 5/1968
20 Jahre Schulwerk am Bayerischen Rundfunk, in: Musik und Bildung 11/1969, und in: Gehört/Gelesen, Nr. 6/1968
Vom Kaffernklavier zum Schulwerk-Xylophon, in: Allgemeiner Schulanzeiger Nr. 3, Freiburg 1969, und in: Musikerziehung 3/1975

Orff-Schulwerk in der Heilpädagogik und Medizin, in: Die Heilkunst, Zeitschrift für praktische Medizin und die Synthese aller Heilverfahren 8/1962, auch in: Wolfgart, H. (Hg.): Orff-Schulwerk und Therapie, Berlin 1975

Bairisches Welttheater: Die Bernauerin, Astutuli, Ludus de nato infante mirificus. Comoedia de Christi resurrectione. München o. J.

Übersetzungen:

The Schulwerk. Volume 3 of Carl Orff Documentation. Translated by Margaret Murray, Tutzing 1978/Schott Music Corp., New York 1978

2. Gesamtdarstellungen

BRAŠOVANOVA-STANČEVA, LADA: Carl Orff, Sofia 1974

COLLAER, PAUL: Geschichte der modernen Musik, Stuttgart 1963

KELLER, WILHELM: Carl Orff. In: Stilportraits der Neuen Musik = Veröffentlichung des Instituts für Neue Musik und Musikerziehung. Darmstadt II, Bln 1961, [2]1965, S. 42 ff

KELLER, WILHELM: Zeugenaussage über Carl Orff und sein Werk, in: Leuchtmann, Horst (Hg.): Carl Orff, ein Gedenkbuch, Tutzing 1985

LEONTJEWA, O. T.: K. Orf, Moskau 1964

LIESS, ANDREAS: Carl Orff, Zürich 1955, [2]1977, auch englisch London und New York 1966, Paperback London 1971, Taschenbuch München 1980

SCHÄFER, W. E./RUPPEL, K. H./SELLNER, G. R./THOMAS, W.: Carl Orff. Ein Bericht in Wort und Bild. Mainz 1955, erweitert ebd. [2]1960, auch englisch

SCHMIDT, HUGO WOLFRAM: Carl Orff, sein Leben und sein Werk. Köln 1971

3. Beiträge zu Leben und Werk (Auswahl)

AUSTIN, WILLIAM W.: Neue Musik. In: Epoche der Musikgeschichte, dtv WR 4146

BOEHMER, KONRAD: Offener Brief an Carl Orff. In: Musik, Denken und Automatik – Serielle Manifeste. St. Gallen 1966

DIBELIUS, ULRICH: Moderne Musik. München 1966

EGK, WERNER: Die Zeit wartet nicht. München 1981

HELM, EVERETT: Carl Orff. In: The Musical Quarterly XII, New York 1955

KIEKERT-SCHATZ, INGEBORG: Die musikalische Form in den Werken Carl Orffs. Regensburg 1957

KLEMENT, UDO: Carl Orff und seine Grenzen. In: Musik und Gesellschaft, Berlin, 20. Jg. 1970

KLEMENT, UDO: Das Musiktheater Carl Orffs in: Beiträge zur musikwissenschaftlichen Forschung in der DDR, Band 14, Leipzig 1982

LAAFF, ERNST: Artikel ‹Carl Orff› in: Musik in Geschichte und Gegenwart (MGG), Band IX

LOHMÜLLER, HELMUT: Carl Orff über sich selbst. In: Melos, 6/1965 Teilabdruck, Musik im Unterricht (B) XX Heft 7/8, 1965

MAIER, HANS: Ein Musiker Altbayerns – Carl Orff. In: MAIER, Anstöße, Beiträge zur Kultur- und Verfassungspolitik. Stuttgart 1978

REICH, WILLI: Gespräche mit Komponisten. In: Manesse Bibl. d. Weltlit. Zürich 1965

RUPPEL, KARL HEINZ: Musica viva. München 1959.
–: Musik in unserer Zeit. München 1960
–: Musik in der Gegenwart. Gütersloh 1962
SCHUMANN, KARL: Magie und Kalkül. Über die Form in der Musik Carl Orffs,
Frankfurter H. XV, 1960, auch in: NZfM CXXII, 1961
THOMAS, WERNER: Artikel ‹Carl Orff› in: Riemann, Personenteil I und Ergän-
zungsband
WÖRNER, K. H.: Egk und Orff. In: Music Review XIV, 1953
ZILLIG, WINFRIED: Die neue Musik, München 1963

4. Beiträge zum Theater Carl Orffs

Carl Orff. Das Bühnenwerk. Mit einem Vorwort von W. Schadewaldt und einem
chronologischen Werkverzeichnis. Ausstellungskatalog der Bayerischen Staatsbibliothek, München 1970

a) *Orpheus*

DANGEL, ARTHUR: Monteverdis ‹Orfeo› in der Neugestaltung von Carl Orff. In:
Musik im Unterricht (B), Heft 4, Mai 1961
LANG, OSKAR: Orpheus. Claudio Monteverdis ‹Orfeo›, neugestaltet für die deut-
sche Bühne 1925 von Carl Orff. Einführung in das Werk. Mit Beiträgen von Curt
Sachs, Dorothee Günther, Max Sinzheimer. Mainz–Leipzig 1925

b) Musik zum «Sommernachtstraum»

CLEMEN, WOLFGANG: Zum Verständnis des Werks. In: W. Shakespeare. Ein Sommernachtstraum. Englisch und Deutsch. Hg. von L. L. SCHÜCKING, Hamburg
o. J.
DOFLEIN, ERICH: Carl Orff und der ‹Sommernachtstraum›. In: Das Musikleben,
12/1952, Mainz
KRUMMACHER, FRIEDHELM: «... fein und geistreich genug». Versuch über Mendelssohns Musik zum Sommernachtstraum. In: Das Problem Mendelssohn, hg.
von CARL DAHLHAUS, Regensburg 1974
WILLNAUER, FRANZ: Musik aus dem Text, Musik für die Szene. Anmerkungen zu
Carl Orffs ‹Sommernachtstraum› in: Carl Orff und sein Werk. Dokumentation,
Band VI

c) *Der Mond* und *Die Kluge*

BORRIS, SIEGFRIED: Die Oper im 20. Jahrhundert. In: Beiträge zur Schulmusik,
Wolfenbüttel 1962, S. 56 f
GÜNTHER, ULRICH: Orffs Kluge als erste Oper im Schulunterricht. In: Musik im
Unterricht (B), 1/1963
KEMNITZ, HELMUT: ‹Die Kluge› von Carl Orff, 2. H. = Die Oper, Schriftenreihe
zum Musikunterricht in der mittleren und höheren Schule, Berlin 1961
PAHLEN, KURT: Carl Orff. Der Mond. Die Kluge. München 1981
WILLNAUER, FRANZ: Zu Musik und Darstellungsstil der ‹Klugen›. In: Carl Orff
und sein Werk. Dokumentation, Band V

d) *Die Bernauerin*
DOFLEIN, ERICH: Die Bernauerin. In: Schweizerische Musikzeitung XCVIII/1958

e) *Astutuli*
PETZET, WOLFGANG: Die Münchner Kammerspiele. München 1973
WILLNAUER, FRANZ: ‹Astutuli›, zeitlos-aktuelle Komödie im bairischen Gewand.
   In: Carl Orff und sein Werk. Dokumentation, Band VI

f) *Ludus de nato infante mirificus. Comoedia de Christi resurrectione*
THOMAS, WERNER: Diptychon. Ludus de nato infante mirificus. Ein Weihnachts-
   spiel – Comoedia de Christi resurrectione. Ein Osterspiel. In: Carl Orff und sein
   Werk. Dokumentation, Band VI
LIESS, ANDREAS: Das Weihnachtsspiel im Orffschen Welttheater. In: Schweizeri-
   sche Musikzeitung CI/1961
SCHADEWALDT, WOLFGANG: Das Werk Carl Orffs und sein neues Osterspiel. In:
   Hellas und Hesperien. Zürich 1960

g) *Trionfi, trittico teatrale. Carmina Burana – Catulli Carmina – Trionfo di Afrodite*
DÜCHTING, R.: Carmina Burana, J. A. Schmeller und Carl Orff. In: Ruperto-Ca-
   rola XIV/1962
KLAUS, R. U.: Hymen, Kypris und die Hymenaien ‹Trionfo di Afrodite›. In:
   Maske und Kothurn VI/1960. [Zu mythologischen Quellen von Orff]
SCHADEWALDT, WOLFGANG: Carl Orff – Trionfi, zur Idee des Werkes. In: Hellas
   und Hesperien. Zürich 1960
THOMAS, WERNER: Orff-Bühne und Theatrum Emblematicum. Zur Deutung der
   Szene in Orffs «Trionfi». In: Orff-Institut Jahrbuch III, Mainz 1969

h) *Antigonae*
BRECHT, BERTOLT: Die Antigone des Sophokles. Materialien zur ‹Antigone›, edi-
   tion Suhrkamp 134, 1977
GEORGIADES, THRASYBULOS: Zur Antigonae-Interpretation von Carl Orff. In:
   Österreichische Musikzeitschrift 7/1949 und in: Kleine Schriften, Tutzing 1977
KELLER, WILHELM: Carl Orffs Antigonae. Mainz 1950
MELCHINGER, SIEGFRIED: Modernes Welttheater. Bremen 1956, S. 34 ff
RIEZLER, WALTER: Neue Horizonte. Bemerkungen zu Carl Orffs Antigonae. In:
   Gestalt und Gedanke, Jahrbuch der Bayerischen Akademie der Schönen Kün-
   ste, München 1951
SCHADEWALDT, WOLFGANG: Die Hölderlinsche Antigonae des Sophokles von Carl
   Orff. In: Hellas und Hesperien. Zürich 1960
SCHADEWALDT, WOLFGANG (Hg.): Einleitung zur ‹Antigone›. Drei Sendungen des
   Bayerischen Rundfunks zur Aufführung der Vertonung Carl Orffs nach Hölder-
   lin. In: Sophokles, Antigone. Insel-Taschenbuch 70, 1976
STÄBLEIN, BRUNO: Schöpferische Tonalität. Zum Großaufbau von Orffs ‹Antigo-
   nae›. In: Musica 6/1952

i) *Oedipus der Tyrann*
LOHMÜLLER, HELMUT: In Orffs ‹Oedipus› wird Musik zum mythischen Urgrund.
   In: Melos 27/1960

SCHADEWALDT, WOLFGANG: Zur Uraufführung des Oedipus der Tyrann von Carl Orff. In: Hellas und Hesperien. Zürich 1960

j) *Prometheus*

KAUFMANN, HARALD: Carl Orffs Musik heute. An Beispielen aus ‹Prometheus› verdeutlicht. In: NZfM 7/1973

RUPPEL, KARL HEINZ: Große Stunden der Musik. München 1975

THOMAS, WERNER: Prometheus. Deutsche Übersetzung von Ernst Buschor. Interlinearversion von Werner Thomas. Mainz 1967

WILLNAUER, FRANZ (Hg.): Prometheus. Mythos. Drama. Musik. Beiträge zu Carl Orffs Musikdrama nach Aischylos von Gustav Rudolf Sellner, Karl Kerényi, Wolfgang Schadewaldt, Lynn Snook, Harald Kaufmann und Walter Erich Schäfer, Tübingen 1968

k) *De temporum fine comoedia*

LIESS, ANDREAS: Zwei Essays zu Carl Orffs De temporum fine comoedia. Wien 1981

THOMAS, WERNER: Carl Orff. De temporum fine comoedia. Das Spiel vom Ende der Zeiten. Vigilia. Eine Interpretation. Tutzing 1973

5. Chorwerke, Stücke für Sprechchor

GERSDORF, LILO: Carl Orff som körkomponist. In: Musiklivet Vår Sång, Oslo 4/1967

KELLER, WILHELM: Carl Orffs cantus-firmus-Sätze. In: Musik im Unterricht, Mainz 1963

KELLER, WILHELM: Orffs Werfel-Lieder, in: Melos, Vierteljahresschrift für zeitgenössisches Musik 3/1984

KRAUS, EGON: Es ist ein Ros entsprungen. Das Alt-Trierische Christliedlein in Sätzen von Praetorius, Orff und Distler. In: Musik im Unterricht (B), Heft 12, Mainz 1862

THOMAS, CLAUS: Carl Orffs Stücke für Sprechchor. In: Orff-Institut Jahrbuch III, Mainz 1969

THOMAS, WERNER: Wege zur erklingenden Sprache. Zu Stücken für Sprechchor von Carl Orff. In: Musik und Bildung 11/1969 [Einführung zu: Carl Orff, Sprechstücke für Sprecher, Sprechchor und Schlagwerk]

–: Dithyrambi. Parerga zur Tragödie, in: Carl Orff und sein Werk, D VII, S. 359

6. Das Schulwerk «Musik für Kinder»

Orientierende Publikationen

Jahrbücher des Orff-Instituts an der Hochschule für Musik und Darstellende Kunst ‹Mozarteum›, Salzburg, hg. von WERNER THOMAS und WILLIBALD GÖTZE. I: 1962, auch in engl. Sprache, II: 1963, III: 1969, bei Schott, Mainz

Orff-Schulwerk Informationen, hg. vom Orff-Institut an der Hochschule für Musik

und Darstellende Kunst ‹Mozarteum›, Salzburg, Schriftleitung: LILO GERSDORF
10 Jahre Orff-Institut. Eine Dokumentation. Hg. vom Orff-Institut an der Hochschule für Musik und Darstellende Kunst ‹Mozarteum›, Salzburg, 1972, Schriftleitung: LILO GERSDORF (mit Literaturverzeichnis)

Orff-Schulwerk heute. Bestandsaufnahme und Ausblick. Bericht über eine Informationstagung 1972. Hg. vom Orff-Institut an der Hochschule für Musik und Darstellende Kunst ‹Mozarteum›, Salzburg 1972, Schriftleitung: HERMANN REGNER

Symposium ‹Orff-Schulwerk 1975›. Eine Dokumentation. Hg. vom Orff-Institut an der Hochschule für Musik und Darstellende Kunst ‹Mozarteum›, Salzburg 1975 (= Orff-Schulwerk Informationen 16), Schriftleitung: LILO GERSDORF

OBERBORBECK, KLAUS W.: Die Literatur zum Orff-Schulwerk bis 1975. In: Orff-Schulwerk Informationen 17/1976 (mit Literaturverzeichnis)

THOMAS, WERNER: Musica poetica, Gestalt und Funktion des Orff-Schulwerks. Tutzing 1976

Das Orff-Schulwerk. Katalog zur Ausstellung der Bayerischen Staats-Bibliothek, München. Ausstellung und Katalog von ROBERT MÜNSTER und RENATA WAGNER. Tutzing 1978

Die Publikationsorgane der Orff-Schulwerk-Gesellschaften der BRD, Österreich, den USA, Kanada, England, Queensland, Südafrika und der Niederlande sind einzusehen in: Carl Orff, Schulwerk, Elementare Musik, Band III der Dokumentation Carl Orff und sein Werk. Tutzing 1976

7. Literaturhinweise zum Schulwerk (Auswahl)

ADORNO, THEODOR W.: Kritik des Musikanten. In: Dissonanzen, Göttingen 1956

BARENBOIM, LEW ARONOWIČ: Elementare Musikerziehung nach dem System Carl Orffs (in russischer Sprache). Verlag des Verbandes der sowjetischen Komponisten. Moskau 1978

BÖHM, SUSE: Spiele mit dem Orff-Schulwerk, photographiert von Peter Keetman. Stuttgart 1975

DANTLGRABER, JOSEF: Kreativität und Erziehung. Über den Einfluß der elementaren Musik- und Bewegungserziehung des Orff-Schulwerks auf die Kreativität. Phil. Diss. Salzburg 1970

GÜNTHER, DOROTHEE: Der Tanz als Bewegungsphänomen. Hamburg 1952

HASELBACH, BARBARA: Tanzerziehung, Grundlagen und Modelle für Kindergarten, Vorschule und Grundschule. Stuttgart 1971

–: Dance Education, englisch translation by Margaret Murray. London 1975

HASELBACH, BARBARA und ZEMANN, HILDE (Fotos): Improvisation-Tanz-Bewegung. Stuttgart 1976

HASELBACH, BARBARA: Tanzpädagogische Aspekte des Orff-Schulwerks, in: Musik und Bildung, 1984/12

«Musik und Tanz für Kinder», Unterrichtswerk zur Früherziehung, Herausgeber: Barbara Haselbach, Rudolf Nykrin, Hermann Regner. Mitarbeiter: Elsbeth Hörner, Manuela Keglević, Christine Perchermeier (1. Unterrichtsjahr), Petra Sachsenheimer (1. Unterrichtsjahr), Ulrike Schrott, Hermann Urabl, Mainz 1985, Bestandteile des Unterrichtswerkes sind Kinderhefte, Lehrerkommentare, Elternzeitungen, Tonkassetten

HOERBURGER, FELIX: Elementare Vorformen der Mehrstimmigkeit. In: Orff-Institut Jahrbuch III, Mainz 1969

KEETMAN, GUNILD: Elementaria. Erster Umgang mit dem Orff-Schulwerk. Stuttgart 1970, ²1976

Elementaria, First acquaintance with Orff-Schulwerk, englisch translation by Margaret Murray, London 1974

KELLER, WILHELM (zus. mit F. REUSCH): Einführung in «Musik für Kinder». Mainz 1954, Neufassung Mainz 1964

KELLER, WILHELM: Ludi musici, Spiellieder, Schallspiele, Sprachspiele. Boppard-Fidula 1973

–: Zur Didaktik und Methodik der musikalischen Erfindungs- und Improvisationsübung im Vorschulalter. In: Institut für Frühpädagogik (Hg.), Musik und Bewegung im Elementarbereich. München 1974

KREYE, BARBARA (Text K. H. RUPPEL und SUSE BÖHM): Musik und Bewegung. Bildbericht über die Arbeit mit dem Schulwerk. München 1965

LISKEN, GERD: Hinführung zu mittelalterlicher und neuer Musik mit Hilfe des Orff-Schulwerks. In: Musik und Bildung 1/1969

MEYER-DENKMANN, GERTRUD: Das Elementare und seine Elementarisierung im musikpädagogischen Prozeß. In: Musik und Bewegung im Elementarbereich. München 1974

MEYER, HEINZ: Schülerinstrumente im Pflichtfach Musik. In: Musik und Bildung 11/1979, Mainz

OBERBORBECK, KLAUS W.: Phantasie und Musikerziehung im Kindesalter. Über den Einfluß der elementaren Musik- und Bewegungserziehung (Orff-Schulwerk) auf die Phantasieentwicklung von Kindern. Phil. Diss. Salzburg 1970

POŠ, VLADIMIR: Das Orff-Schulwerk in der ČSSR. In: Musik und Bildung 11/1969

REGNER, HERMANN: Musik für Kinder – gibt es das? In: Orff-Schulwerk Informationen 10/1973

–: Orff-Schulwerk in Asien, in Afrika und in Südamerika. In: Orff-Schulwerk Informationen 14/1974

–: Spiel und Erfindung. In: Die Musikschule, Band III, Mainz 1974

–: Pädagogische Musik. In: Die Musikschule, Band III, Mainz 1974

–: Musikhören im Anfang. In: Musikalische Grundausbildung in der Musikschule, Lehrerheft Teil I, Mainz 1978

–: Musik für Kinder – Music for children – Musique pour enfants, in: Musik und Bildung 12/1984

REVERS, WILHELM J. und RAUHE, HERMANN: Musik, Intelligenz, Phantasie. Salzburg 1978

THOMAS, WERNER: Wege und Stufen im Orff-Schulwerk. In: Carl Orff, ein Bericht in Wort und Bild, Mainz 1955, ²1960

–: Das Orff-Schulwerk als pädagogisches Modell. In: Erziehung und Wirklichkeit. Band 9 des Jahrbuches der Bayerischen Akademie der Schönen Künste «Gestalt und Gedanke», München 1964

TWITTENHOFF, WILHELM: Einführung in die Grundlagen des Orff-Schulwerkes. Mainz 1930

URABL, HERMANN/STADLER, WERNER/HANEL, REINHARD: «MOVE». Synthesizermusik zum gleichnamigen Buch von Madeleine Mahler, Mainz 1984

VENT, HELMI: Hochschule als Erfahrungsraum, in: Hochschule für Musik und

Darstellende Kunst ‹Mozarteum› in Salzburg, Orff-Schulwerk Informationen Nr. 34, 12/1984

WIEBLITZ, ERNST: Lehrerhandbuch, Teil I: Schallerzeugung im Anfang. Instrumente erfinden – bauen – spielen. Improvisation als Prinzip im Unterricht. Grundfragen der Musiklehre. Über den Umgang mit dem Orff-Instrumentarium. In: Musikalische Grundausbildung in der Musikschule, hg. von LORE AUERBACH, HANS W. KÖNEKE, WOLFGANG STUMME. Mainz 1978

ZÖLLER, GERDA: Musik und Bewegung im Elementarbereich. Ein Beitrag zur Kommunikations- und Kreativitätserziehung des Kindes. In: Musik und Bewegung im Elementarbereich, München 1974, und in: NOLL, G. und SUDER, A. L. (Hg.): Musik im Vorschulalter, Regensburg 1974

8. Musikalische Sozial- und Heilpädagogik (Auswahl)

HELLBRÜGGE, THEODOR: Frühe Kindheit und Erziehung. In: Orff-Schulwerk Informationen 11/1973

Orff-Musiktherapie im Rahmen einer mehrdimensionalen Therapie für mehrfach und verschiedenartig behinderte Kinder. In: Symposium Orff-Schulwerk 1975, hg. von der Hochschule für Musik und Darstellende Kunst ‹Mozarteum›, Orff-Institut, Salzburg 1975

HOFMARKSRICHTER, KARL: Das Orff-Schulwerk bei tauben, schwerhörigen und sprachkranken Kindern. In: WOLFGART, H. (Hg.), Das Orff-Schulwerk im Dienste der Erziehung und Therapie behinderter Kinder, Berlin 1971

KELLER, WILHELM: Neue Mittel und Wege musikalischer Sozial- und Heilpädagogik. Ein Bericht über Lehrversuche mit dem Orff-Schulwerk in Salzburg und Umgebung. In: Pädagogische Mitteilungen, Beilage zum Verordnungsblatt des Bundesministeriums für Unterricht, Jg. 1968, Stück 4, Wien 1968

–; Elementare Musik von und mit Behinderten. Die Arbeit am Institut für Musikalische Sozial- und Heilpädagogik am Orff-Institut, in: Musik und Bildung 12/1984

–: Grenzenlose Zusammenarbeit auf dem Feld Musikalischer Sozial- und Heilpädagogik – Rückblenden im Zeitraffer, in: Orff-Schulwerk Informationen 35/1985

–: Ziele und Aufgaben des Institutes für Musikalische Sozial- und Heilpädagogik. In: Orff-Schulwerk Informationen 13/1964

–: Orff-Schulwerk in Musiktherapie und Heilpädagogik. In: HARBER, G. (Hg.), Grundlagen der Musiktherapie und Musikpsychologie. Stuttgart 1975

LINDTNER, DOROTHEA: Die Konzentrationsschwäche und ihre Behandlung mit dem Orff-Schulwerk. Diss. Innsbruck 1977

OBERBORBECK, K. W.: Theoretische und praktische Versuche einer Erfolgskontrolle der elementaren Musik- und Bewegungserziehung (Orff-Schulwerk). In: WOLFGART, H. (Hg.), Orff-Schulwerk und Therapie. Berlin 1975

ORFF, GERTRUD: Die Orff-Musiktherapie. München 1974

The Orff-Music Therapy, translated by Margaret Murray. London 1978

ORFF, GERTRUD: Schlüsselbegriffe der Orff-Musiktherapie. Darstellung und Beispiele. Weinheim 1984

THOMAS, CLAUS und THOMAS, WERNER: Materialien zur Musiktherapie. Dokumentation zu Fortbildungskursen elementar-künstlerischer Erziehung. Schriften der Akademie Amriswil, hg. v. D. LARESE, Amriswiler Bücherei 1976

WILD, K.: Rhythmische Erziehung in der Blindenschule. In: WOLFGART, H. (Hg.), Orff-Schulwerk im Dienste der Erziehung und Therapie behinderter Kinder, Berlin 1971

WOLFGART, HANS: Das Orff-Schulwerk im Dienste der Erziehung und Therapie behinderter Kinder (Sammelband mit 19 Beiträgen). Berlin 1971

Orff-Schulwerk und Therapie (Sammelband mit 18 Beiträgen). Berlin 1975

Diskographie

Sämtliche Werke Carl Orffs, einschließlich des *Schulwerks – Musik für Kinder* sind mit Ausnahme der *Musik zum Sommernachtstraum* auf Schallplatten erschienen; die *Bernauerin, Astutuli, Ludus de nato infante mirificus* und die *Comoedia de Christi resurrectione* in Lesungen des Autors.

Nachbemerkung

Mein Dank gilt allen Freunden und Kollegen, die mir beim Entstehen der vorliegenden Arbeit Rat, Förderung und Hilfe zuteil werden ließen, vor allem Carl Orff und seiner Frau Liselotte, und der Musiksammlung der Bayerischen Staatsbibliothek, München.

Namenregister

Die kursiv gesetzten Zahlen bezeichnen die Abbildungen

Aischylos 111, 120f
Alexander, Carlos 122
Apuleius 108
Aristoteles 111

Bach, Johann Sebastian 38, 47
Barbarossa s. u. Friedrich I. Barbarossa, Kaiser
Bartók, Béla 47
Baudissin, Wolf Heinrich Graf von 96
Becker-Ehmck, Klaus 67f, *68*
Beer-Walbrunn, Anton 29
Beethoven, Ludwig van 10, 11, 24
Benda, Georg 51
Bender, Paul 111
Bergese, Hans 61
Boethius, Anicius Manlius Severinus 44
Böhm, Karl 46
Brecht, Bertolt 62
Bruckner, Anton 24
Büchner, Georg 34f
Büchtger, Fritz 47
Bülow, Hans Guido Freiherr von 9
Bülow, Werner von 46
Burckhardt, Carl J. 20
Buxtehude, Dietrich 38
Byrd, William 46

Caesar, Gaius Iulius 88
Carus, Carl Gustav 96
Catullus, Gaius Valerius 78, 87f, 91, 95
Cervantes Saavedra, Miguel de 108
Chamisso, Adelbert von (Louis Charles Adélaide dé Chamisso de Boncourt) 35

Cicero, Marcus Tullius 88

Dante Alighieri (Dante da Alighiero di Bellincione d'Alighiero) 91
Dietrichs, Mary 113
Debussy, Claude 24, 31, 87, *32*
Depser, Hans 40
Diem, Carl 62
Döbereiner, Christian 51

Egk, Werner 38, 47, *40*
Erb, Karl 116
Euripides 78, 91, 95
Everding, August 119

Falckenberg, Otto 34
Fischer, Edwin 50
Friedrich I. Barbarossa, Kaiser 83
Furtwängler, Wilhelm 34

Georgiades, Thrasybulos 55f, 116
Germann, Ernst 25
Giehrl, Josef 16
Giehse, Therese 51
Gluck, Christoph Willibald Ritter von 51
Goebbels, Joseph 84
Goethe, Johann Wolfgang von 24, 34, 71, 90
Goltz, Christel 116
Grethe, Heinz 44, 46
Grillparzer, Franz 24
Grimm, Jacob 98, 100
Grimm, Wilhelm 98, 100
Günther, Dorothee 44, 46, 54f, 62, *45*

Hába, Alois 47
Hadrian, Kaiser 89
Häfliger, Ernst 116
Hager, Paul 46
Haindl, August 29
Haselbach, Barbara 72
Haßler, Hans Leo 38
Hätzlerin, Clara 103
Heine, Heinrich 29
Herder, Johann Gottfried von 96
Hindemith, Paul 47
Hofmann, Michel 80f
Hofmannsthal, Hugo von 111
Hölderlin, Friedrich 71, 91, 113, 116
Honegger, Arthur 47
Horaz (Quintus Horatius Flaccus) 88
Huber, Kurt 108
Hüni-Mihacsek, Felicie 51

Jacques-Dalcroze, Émile 52
Jochum, Eugen 94

Kaminski, Heinrich 38, 40, 47, *39*
Karajan, Herbert von 94, 119
Keetman, Gunild 57, 59, 61, 62, 66, 68, 72, *60, 75*
Keilberth, Josef 116
Keller, Wilhelm 75
Kestenberg, Leo 62, 66, *64*
Kleist, Heinrich von 24
Koestler, Karl 8f, 12, 22, 25, *9*
Koestler, Kaspar Josef 8f
Kraus, Felix von 34
Kraus, Otto 46
Krauss, Clemens 99
Kreutzberg, Harald 72
Krieger, Adam 38
Kubin, Alfred 109

Laban, Rudolf von 52
Lasso, Orlando di 22, 38
Leitner, Ferdinand 46
Lenau, Nikolaus von (Nikolaus Franz Niembsch, Edler von Strehlenau) 29
Leonard, Lotte 40
Lex, Maja 59, 60, 62, *63*
Liliencron, Detlev von (Friedrich Adolf Axel Freiherr von Liliencron) 29

Liszt, Franz 16, 24, 84
Luitpold, Prinzregent 20

Maendler, Karl 61, 67
Maeterlinck, Maurice 31 f, 35
Mahler, Gustav 29
Malipiero, Francesco 40, 47
Mann, Erika 51
Marc, Franz 38
Marx, Karl 38, 50, 51, 59
Mendelssohn, Dorothea 96
Mendelssohn, Moses (Moses ben Menachem Mendel) 96
Mendelssohn Bartholdy, Fanny 96
Mendelssohn Bartholdy, Felix 96f
Meyer-Walden, Richard 46
Monteverdi, Claudio 38, 40f., 83, 87
Mottl-Fassbender, Zdenka 111
Mozart, Wolfgang Amadé 10, 24
Mussorgsky, Modest P. 87

Notker, Balbulus 44
Nykrin, Rudolf 72

Orff, Carl von (Urgroßvater) 12
Orff, Carl von (Großvater) 12f, 21, 25, *13*
Orff, Godela 108, *109*
Orff, Heinrich 12, 16, 17, 22, 29, *11*
Orff, Liselotte *75*
Orff, Maria 16, 24, *15*
Orff, Paula 11f, 16, 17, 19, 22, 25, *11*
Orff-Solscher, Alice 108, *42*
Osthoff, Wolfgang 46

Pachelbel, Johann 38
Palestrina, Giovanni Pierluigi da 43
Panofsky, Walter 62, 65f, 97, *65*
Patzak, Julius 99
Peisistratos 111
Perikles 111
Plautus, Titus Maccius 89
Ponnelle, Jean-Pierre 46
Preetorius, Emil 46
Preussner, Eberhard 62, 68, *69*

Raabe, Peter 84
Redlich, Hans Ferdinand 38
Regner, Hermann 72f
Reinald von Dassel, Erzbischof 83

Rheinberger, Josef 9f, 29
Richter, Ernst Friedrich Eduard 29
Rosen, Heinz 46
Ruppel, Karl-Heinz 90

Sachs, Kurt 40
Sappho 78, 91, 95
Schadewaldt, Wolfgang 95
Schäfer, Walter Erich 95
Schambeck, Annemarie 65
Scherchen, Hermann 46, 47
Schiller, Friedrich 24
Schlegel, August Wilhelm 96
Schlegel, Friedrich 96
Schmeller, Johann Andreas 78f, 103
Scholl, Hans 108
Scholl, Sophie 108
Schönberg, Arnold 29f, 33, 93, *26*
Schubert, Franz 24
Schütz, Heinrich 51
Sellner, Gustav Rudolf 97
Shakespeare, William 24, 34, 46, 96f
Sievert, Ludwig 84
Sophokles 111f, 116
Speckner-Georgiades, Anna Barbara 59, *58*
Spitzweg, Carl 29
Stavenhagen, Bernhard 24
Steffani, Agostino 51
Stieler, Josef 25
Stieler, Karl 25
Stolze, Gerhard *118*
Storm, Theodor 29

Strauss, Franz 10
Strauss, Richard 10, 12, 16, 24, 25, 33, 35, 111
Strawinsky, Igor 29, 47, 87
Strecker, Willi 61
Striggio, Alessandro 44

Thomas, Werner 27, 29, 37, 75, 84
Tieck, Dorothea 96
Tieck, Ludwig 96
Traetta, Tommaso 51
Tscherepnin, Alexander N. 47
Twittenhoff, Wilhelm 61

Uhland, Ludwig 29

Wagner, Ferdinand 46
Wagner, Richard 9, 22, 24, 116
Wagner, Wieland 116, *117*
Wälterlin, Oskar 84
Walther von der Vogelweide 103
Webern, Anton 30
Werfel, Franz 40, 62
Wetzelsberger, Bertil 84
Wieland, Christoph Martin 96
Wigman, Mary 52, *53*
Winterfeld, Carl von 38
Wolkenstein, Oswald von 106
Wunderlich, Fritz *118*

Zilcher, Hermann 34
Zillig, Winfried 93, 115

Über die Autorin

Lilo Gersdorf wurde in Friedrichshafen am Bodensee geboren, studierte Musik in Stuttgart, Musikwissenschaft und Bayerische Kunstgeschichte in München und hat seit 1967 einen Lehrauftrag am Orff-Institut der Hochschule für Musik und Darstellende Kunst «Mozarteum» in Salzburg. Publikationen über das Orff-Institut und über «Klaviermusik für Kinder».

Professor Dr. Carl Orffs ausdrücklicher Wunsch war es, diese Monographie vornehmlich seinem Werk zu widmen.

Quellennachweis der Abbildungen

Aus: «Carl Orff, ein Bericht in Wort und Bild», Mainz 1955: 6, 28, 30, 49 o., 50, 70, 82, 94, 109, 118

Aus: «Dokumentation Carl Orff und sein Werk I»: 9, 11, 13, 14, 15, 23, 35, 42, 43, 49 u.

Bayerische Staatsbibliothek: 10, 27, 41, 104, 110, 112, 114

Privatbesitz: 12, 20, 39 o., 39 u., 117

Stadtmuseum München: 19, 21

Aus: «Per Post und zu Fuß durch Oberbayern», München o. J.: 24

Aus: «Dokumentation Carl Orff und sein Werk III»: 36, 57, 74 o.

Historia Photo, Hamburg: 40

Foto Karl Alliger: 45, 53, 54, 56, 58, 60, 64, 65, 66, 68, 74 u., 121

Aus: «Dokumentation Carl Orff und sein Werk II»: 48, 81

Sammlung Gersdorf: 63, 99

Foto Hilde Zemann, München: 67, 76

Foto Minna Ronnefeld: 69

Aus: Suse Böhm, «Spiele mit dem Orff-Schulwerk» (fotografiert von Peter Keetman). Verlag J. B. Metzlersche Verlagsbuchhandlung Stuttgart: 72, 73

Programmheft des Bayerischen Rundfunks: 77

Staatsbibliothek München: 79, 84, 85

Aus: «Dokumentation Carl Orff und sein Werk IV»: 80, 86, 88, 92

Aus: «Carl Orff, Das Bühnenwerk», München 1970: 101

Bayerisches Nationalmuseum: 105

Foto Hildegard Steinmetz, München: 107 o., 107 u., 119

Lawrence A. Schoenberg, Los Angeles (Calif.): 26

Bibliothèque Nationale, Paris: 32

rowohlts bildmonographien

Thema Musik

Luc-André Marcel
Johann Sebastian Bach (83)

Everett Helm
Béla Bartók (107)

Fritz Zobeley
Ludwig van Beethoven (103)

Volker Scherliess
Alban Berg (225)

Wolfgang Dömling
Hector Berlioz (254)

Hans A. Neunzig
Johannes Brahms (197)

Karl Grebe
Anton Bruckner (190)

Camille Bourniquel
Frédéric Chopin (25)

Jean Barraqué
Claude Debussy (92)

Kurt Honolka
Antonín Dvořák (220)

Richard Friedenthal
Georg Friedrich Händel (36)

Pierre Barbaud
Joseph Haydn (49)

Giselher Schubert
Paul Hindemith (299)

Everett Helm
Franz Liszt (185)

Hans Christoph Worbs
Albert Lortzing (281)

Wolfgang Schreiber
Gustav Mahler (181)

Hans Christoph Worbs
Felix Mendelssohn Bartholdy (215)

Heinz Becker
Giacomo Meyerbeer (288)

Aloys Greither
Wolfgang Amadé Mozart (77)

Hans Christian Worbs
Modest P. Mussorgsky (247)

P. Walter Jacob
Jacques Offenbach (155)

Lilo Gersdorf
Carl Orff (293)

Clemens Höslinger
Giacomo Puccini (325)

Vladimir Jankélévitch
Maurice Ravel (13)

Helmut Wirth
Max Reger (206)

Eberhard Freitag
Arnold Schönberg (202)

Detlef Gojowy
Dimitri Schostakowitsch (320)

Marcel Schneider
Franz Schubert (19)

André Boucourechliev
Robert Schumann (6)

Kurt Honolka
Bedřich Smetana (265)

Walter Deppisch
Richard Strauss (146)

bildmono **rororo** graphien

C 2055/4

rowohlts bildmonographien

Norbert Linke
Johann Strauß (304)

Wolfgang Dömling
Igor Strawinsky (302)

Karl Grebe
Georg Philipp Telemann (170)

Everett Helm
Peter I. Tschaikosky (243)

Hans Kühner
Giuseppe Verdi (64)

Michael Stegemann
Antonio Vivaldi (338)

Hans Mayer
Richard Wagner (29)

Michael Leinert
Carl Maria von Weber (268)

Hanspeter Krellmann
Anton Webern (229)

Andreas Dorschel
Hugo Wolf (344)

Thema Musik

C 2055/4a

rowohlts bildmonographien

Catherine Krahmer
Ernst Barlach (335)

Heinrich Goertz
Hieronymus Bosch (237)

Kurt Leonhard
Paul Cézanne (114)

Juerg Albrecht
Honoré Daumier (326)

Dietrich Schubert
Otto Dix (287)

Franz Winzinger
Albrecht Dürer (177)

Lothar Fischer
Max Ernst (151)

Gertrud Fiege
Caspar David Friedrich (252)

Herbert Frank
Vincent van Gogh (239)

Jutta Held
Francisco de Goya (284)

Lothar Fischer
George Grosz (241)

Michael Töteberg
John Heartfield (257)

Peter Anselm Riedl
Wassilij Kandinsky (313)

Carola Giedion-Welcker
Paul Klee (52)

Catherine Krahmer
Käthe Kollwitz (294)

Norbert Huse
Le Corbusier (248)

Kenneth Clark
Leonardo da Vinci (153)

Heinrich Koch
Michelangelo (124)

Liselotte v. Reinken
Paula Modersohn-Becker (317)

Wilfried Wiegand
Pablo Picasso (205)

Christian Tümpel
Rembrandt (251)

Ernst Nündel
Kurt Schwitters (296)

Matthias Arnold
Henri de Toulouse-Lautrec (306)

Lothar Fischer
Heinrich Zille (276)

Thema Kunst

C 2056/6